Tanja Steinbach • Kerstin Balke

Gemeinsame STRICKZEIT

Der Adventskalender

ADVENT, ADVENT, EIN LICHTLEIN BRENNT!

WIR FREUEN UNS SEHR, DASS DU DIESES BUCH GEFUNDEN UND LUST AUF GESTRICKTEN WEIHNACHTSZAUBER HAST.

FÜR UNS GEHÖRT DIE ADVENTSZEIT MIT ZU DEN SCHÖNSTEN WOCHEN IM GANZEN JAHR. WENN ES DRAUSSEN WIEDER DUNKLER WIRD, DIE ERSTEN KERZEN UND LICHTER DEN ABEND UND DIE NACHT ERHELLEN UND ES ÜBERALL NACH GLÜHWEIN, KINDERPUNSCH UND LECKEREN PLÄTZCHEN DUFTET, GEHT UNS DAS HERZ AUF. GERADE JETZT MACHEN WIR ES UNS GEMÜTLICH, KUSCHELN UNS AUF UNSEREN SOFAS ZUSAMMEN MIT UNSEREN STRICKNADELN, WOLLE UND EINEM NEUEN STRICKPROJEKT EIN. IM HINTERGRUND DARF LEISE EIN BISSCHEN WEIHNACHTSMUSIK ZU HÖREN SEIN. WAS GIBT ES SCHÖNERES?

DIE ADVENTSZEIT IST ABER NICHT NUR BESONDERS KUSCHELIG, SONDERN AUCH DIE ZEIT, IN DER WIR AN MENSCHEN DENKEN, DIE FÜR UNS BESONDERS WICHTIG SIND, UND UNS MIT UNSEREN LIEBLINGSMENSCHEN TREFFEN.

DAMIT DIR DIE ZEIT BIS ZUM FEST NICHT ZU LANG WIRD, LADEN WIR DICH EIN, EIN BISSCHEN GEMEINSAME STRICKZEIT MIT UNS AUF UNSEREM IMAGINÄREN SOFA ZU VERBRINGEN UND ZUSAMMEN EIN WENIG DIE NADELN KLAPPERN ZU LASSEN. IN DIESEM BUCH FINDEST DU AUF 24 TÜRCHEN VERTEILT KLEINE BIS MITTLERE STRICKIDEEN. NICHT ZU LANG UND NICHT ZU KURZ, SODASS DU FÜR DIE KALTE JAHRESZEIT EIN PAAR NEUE PROJEKTE ENTDECKST, DIE DU NACHSTRICKEN KANNST. EIN PROJEKT LIEGT UNS DABEI BESONDERS AM HERZEN: WIR HABEN IN DIESEM BUCH EINEN KLEINEN „KNIT-ALONG" MIT VERSTECKT. DIE ANLEITUNG HIERZU TEILT SICH AUF INSGESAMT VIER TÜRCHEN AUF, SODASS, WER MÖCHTE, IN DER ADVENTSZEIT GEDANKLICH MIT UNS ZUSAMMEN DIESES MODELL ENTSTEHEN LASSEN UND SO NOCH MEHR GEMEINSAME STRICKZEIT ERLEBEN KANN.

ABER ACHTUNG: NICHT SCHUMMELN UND VORHER SCHON IN DIE TÜRCHEN SCHAUEN! ES IST WIE BEI DEN ADVENTSKALENDERN, WELCHE WIR ALLE AUS UNSERER KINDHEIT KENNEN. IST DAS GEHEIMNIS EINMAL GELÜFTET, GIBT ES NICHTS MEHR ZU ENTDECKEN. VORFREUDE IST DIE SCHÖNSTE FREUDE. (UND IM NÄCHSTEN JAHR ENTDECKEN WIR DIE ZEITLOSEN IDEEN WIEDER NEU.

WIR HOFFEN, DASS DU DIE WEIHNACHTSZEIT GENAUSO GENIESST WIE WIR, UND WÜNSCHEN DIR IN DEM GANZEN TRUBEL EIN BISSCHEN ENTSPANNENDE STRICKZEIT.

DEINE

Kerstin Balke Tanja Steinbach

STRICKZEIT
Der Adventskalender

DIESE GARNE BRAUCHST DU

Materialangaben für einen Adventskalender sind gar nicht so einfach. Auf der einen Seite wollen wir natürlich nicht verraten, was genau gestrickt wird. Auf der anderen Seite möchten wir dir trotzdem Gelegenheit geben, dich vorab mit dem verwendeten Garn zu versorgen. Daher findest du auf den Türchenseiten immer die genaue Angabe, welches Garn mit wie viel Gramm pro Knäuel benötigt wird. Auf dieser Seite haben wir dir zusätzlich aufgelistet, welche Garne in welchen Farben und mit wie viel Gramm genau wir für das gesamte Buch verwendet haben. So kannst du vorab selbst entscheiden, ob du dir eine bestimmte Farbe kaufen möchtest oder ob sich vielleicht ein Garn mit ähnlicher Lauflänge und Farbe bereits in deinem Vorrat befindet.
Alle in diesem Buch verwendeten Garne sind von Lana Grossa.

- Cool Wool 4 Socks (LL 420 m/100 g) in
  Rohweiß (Fb 7710), 147 g
  Terrakotta (Fb 7714), 63 g
  Jeansblau (Fb 7704), 56 g
  Rostbraun (Fb 7712), 57 g
- Meilenweit Cashmere (LL 210 m/50 g) in
  Weiß (Fb 01), 78 g
  Pastellblau (Fb 49), 34 g
  Curry (Fb 46), 6 g
  Mint (Fb 28), 3 g
  Rot (Fb 06), 265 g
  Brilliantblau (Fb 16), 10 g
- Mille II (Fb 210 m/50 g) in
  Camel (Fb 53), 70 g
  Weinrot (Fb 09), 97 g
  Graugrün (Fb 116), 37 g
  Creme (Fb 149), 19 g
- Meilenweit 50 (LL 210 m/50 g) in
  Hellblau (Fb 1375), 16 g
  Dunkelrot (Fb 1323), 53g
  Rohweiß (Fb 1113), 71 g
  Rost (Fb 1406), 63 g
  Schwarz (Fb 1106), 3 g
  Natur meliert (Fb 1102), 15 g
- Organico (LL 90 m/50 g) in
  Beige (Fb 100), 40 g
  Maisgelb (Fb 119), 40 g
  Resedagrün (Fb 116), 40 g
- Brigitte No. 2 (LL 140 m/50 g) in
  Graugrün (Fb 18), 50 g
- Meilenweit 6-fach (LL 390 m/150 g) in
  Natur (Fb 9928), 200 g
  Curry (Fb 9242), 115 g
  Grau meliert (Fb 8961), 27 g
  Graublau (Fb 9246), 250 g
- Meilenweit Mouliné 6-fach (LL 390 m/150 g) in
  Beige/Weiß (Fb 8508). 70 g
- Silkhair (LL 210 m/25 g) in
  Hellbeige (Fb 18), 21 g
  Kirschrot (Fb 08), 81 g
  Mint (Fb 175), 75 g

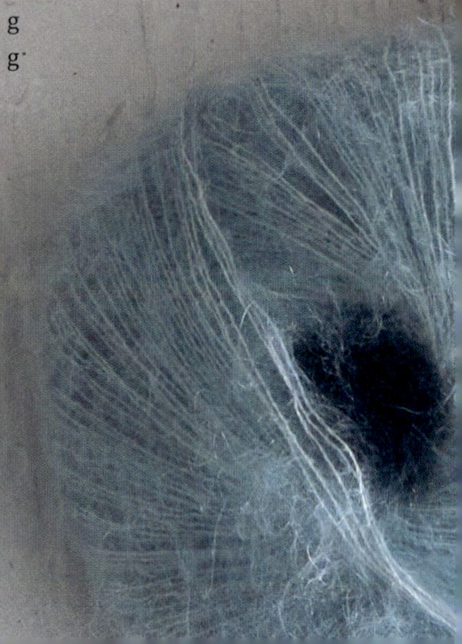

WARTEN AUF WEIHNACHTEN ①

DIESER SCHAL SYMBOLISIERT UNSERE GEMEINSAME VORFREUDE UND WIRD ÜBER MEHRERE TÜRCHEN IM BUCH GESTRICKT. WIR STARTEN HIER MIT DEM ERSTEN ABSCHNITT. DER SCHAL WIRD IN RUNDEN GESTRICKT UND IST SO BESONDERS WARM. DIE MATERIALANGABE BEZIEHT SICH AUF DEN GANZEN SCHAL.

GRÖSSE

Länge: 180 cm
Breite: 17 cm

MASCHENPROBE

Im Jacquardmuster mit Nd 2,5-3,0 mm
36 M und 38 Rd = 10 cm x 10 cm

GLATT RECHTS

In Rd alle M rechts str.

TIPP: WENN DU MIT MASCHENMARKIERERN DIE RAPPORTE DER EINZELNEN JACQUARDMUSTER ABTEILST, FÄLLT DIR DAS ZÄHLEN LEICHTER.

BÜNDCHENMUSTER

4 M rechts, 2 M links im Wechsel str.

JACQUARDMUSTER A

M-Zahl teilbar durch 20.
In allen Rd glatt rechts nach dem Zählmuster str. Den Rapport von 20 M fortlaufend wdh.

ANLEITUNG

120 M in Terrakotta anschl, gleichmäßig auf 4 Spielnd verteilen (= 30 M pro Nd) und zur Rd schließen.
Für das **Bündchen** 40 Rd (= 9 cm) im Bündchenmuster str. Den Faden abschneiden.
Anschließend glatt rechts weiterarb. Mit 3 Rd in Rohweiß beginnen und danach im Jacquardmuster A in Rohweiß und Jeansblau weiterarb. Die 1.-12. Rd des Zählmusters 10x str. Den Faden in Jeansblau abschneiden und 3 Rd in Rohweiß arb.
Die Fortsetzung für den Schal findest du hinter einem anderen Türchen.

JACQUARDMUSTER A

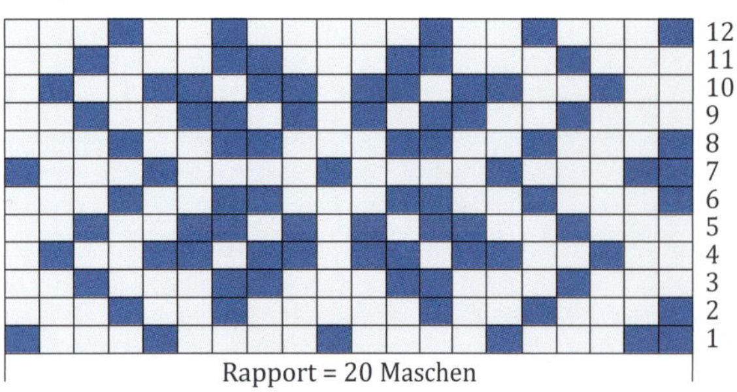

Legende

□ = Rohweiß
■ = Jeansblau

1

MATERIAL

- Lana Grossa Cool Wool 4 Socks (LL ca. 420 m/100 g) in Rohweiß (Fb 7710), 200 g, in Terrakotta (Fb 7714), Jeansblau (Fb 7704) und Rostbraun (Fb 7712), je 100 g
- Nadelspiel 2,5-3,0 mm, 20 cm lang
- Maschenmarkierer

2

MATERIAL

- Lana Grossa Meilenweit Cashmere (LL ca. 210 m/50 g) in Weiß (Fb 01) und Brillantblau (Fb 16), je 50 g, und in Rot (Fb 06), Rest
- Nadelspiel 2,5-3,0 mm
- Maschenmarkierer
- evtl. Maschenraffer

WARME HÄNDE

GRÖSSE

Umfang: 20 cm
Höhe: 25 cm

MASCHENPROBE

Glatt rechts mit Nd 2,5-3,0 mm
33 M und 48 Rd = 10 cm x 10 cm

GLATT RECHTS

In Rd alle M rechts str.

BÜNDCHENMUSTER

2 M rechts, 2 M links im Wechsel str.

ANLEITUNG

64 M in Weiß anschl (= 16 M pro Nd) und zur Rd schließen. Für das **Bündchen** 35 Rd (= 7,5 cm) im Bündchenmuster str.

Anschließend glatt rechts weiterarb. * 5 Rd in Weiß, 3 Rd in Brillantblau str, ab * 6x wdh. Dabei in der 8. Rd am Ende der 2. Nd einen M-Markierer setzen und 1 M linksgeneigt aus dem Querfaden zunehmen (siehe Seite 140). Diese M ist die 1. M des Daumenkeils. In der nächsten Rd alle M glatt rechts str.

Die Zunahmen für den **Daumenkeil** wie folgt arb.

1. Rd: Bis zum M-Markierer glatt rechts str, M-Markierer, 1 M linksgeneigt aus dem Querfaden zunehmen, bis zum Nd-Ende glatt rechts str, 1 M rechtsgeneigt aus dem Querfaden zunehmen (siehe Seite 140). Bis zum Rd-Ende glatt rechts str.

2. Rd: Alle M glatt rechts str.

Die 1. und 2. Rd insgesamt 11x str (= 23 Daumenkeil-M).

In der nächsten Rd die Daumenkeil-M auf einem Faden oder M-Raffer stilllegen und über die restlichen 64 M die Handpartie weiterarb, dabei die Ringel fortführen. Den Faden in Brillantblau abschneiden. 5 Rd in Weiß, 3 Rd in Rot str. Den Faden in Rot abschneiden und die Hand in Weiß beenden.

Nach 22 cm ab M-Anschlag mit den Abnahmen für die **Bandspitze** (siehe auch Seite 147) beginnen. Nach der 1. Abnahme in der 3., 6., 8., 10. und 12. Rd abnehmen. Dann in jeder Rd abnehmen, bis auf jeder Nd noch 2 M liegen. Den Faden abschneiden, durch die verbleibenden 8 M führen und fest zusammenziehen. Den Faden nach innen ziehen und vernähen.

Nun für den **Daumen** die stillgelegten 23 Daumenkeil-M wieder aufnehmen und auf 4 Nd verteilen (= 6-6-6-5 M). 1 Rd in Brillantblau str, dabei am Ende der 4. Nd 1 M linksgeneigt aus dem Querfaden zunehmen (= 24 M) und die Arbeit zur Rd schließen. Danach 5 Rd in Weiß und 3 Rd in Brillantblau str. Den Faden in Brillantblau abschneiden und den Daumen in Weiß beenden. Nach 4 cm mit den Abnahmen beginnen.

1. Rd: * 2 M rechts überzogen zusammenstr, 4 M rechts, ab * 3x wdh (= 20 M).

2. Rd: * 2 M rechts überzogen zusammenstr, 3 M rechts, ab * 3x wdh (= 16 M).

3. Rd: * 2 M rechts überzogen zusammenstr, 2 M rechts, ab * 3x wdh (= 12 M)

4. Rd: * 2 M rechts überzogen zusammenstr, 1 M rechts, ab * 3x wdh (= 8 M)

5. Rd: Fortlaufend 2 M rechts überzogen zusammenstr (= 4 M).

Den Faden abschneiden, durch die verbleibenden 4 M führen und fest zusammenziehen. Den Faden nach innen ziehen. Alle Fäden vernähen.

Den zweiten Handschuh genauso arb.

WARMES HERZ

GRÖSSE
Einheitsgröße

MASCHENPROBE
Im Rippenmuster mit Nd 4,0-4,5 mm doppelfädig (= 1 Faden Meilenweit 6-fach und 1 Faden Silkhair) 26 M und 26 R (leicht gedehnt) = 10 cm x 10 cm

RANDMASCHEN
In Hinr die ersten und letzten 2 M rechts str. In Rückr die ersten und letzten 2 M wie zum Linksstr abh und den Faden dabei vor den M mitführen.

HINWEIS: ES WIRD DOPPELFÄDIG GESTRICKT, MIT JE 1 FADEN MEILENWEIT 6-FACH UND 1 FADEN SILKHAIR.

RIPPENMUSTER
In Rd, M-Zahl teilbar durch 4
2 M links, 2 M rechts im Wechsel str.
In R, M-Zahl teilbar durch 4 + 2 + 4 Rdm
Zwischen den Rdm 2 M links, 2 M rechts im Wechsel str, enden mit 2 M links. In den Rückr die M str, wie sie erscheinen.

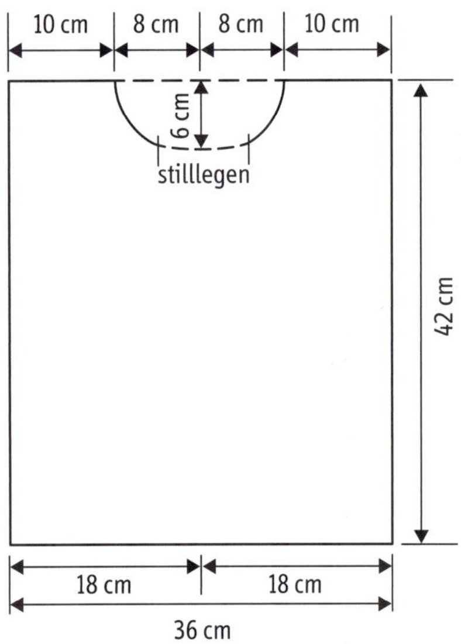

RÜCKENTEIL
106 M locker mit der Rundstricknd anschl und 42 cm im Rippenmuster in R str, dabei an beiden Rändern die Rdm wie beschrieben arb. In 42 cm Höhe die mittleren 42 M für den Rollkragen stilllegen, die restlichen je 32 M gerade abk.

VORDERTEIL
Wie das Rückenteil beginnen, jedoch für den tieferen Halsausschnitt in 36 cm Gesamthöhe ab Anschlagkante die mittleren 14 M stilllegen und dann jedes Schulterteil getrennt beenden. Dabei für die Ausschnittrundung in jeder 2. R 1x 4 M, dann 4x 2 M und 2x 1 M abk. In 42 cm Höhe die restlichen je 32 M gerade abk.

FERTIGSTELLEN
Alle Fäden vernähen. Die Teile auf die Schnittgröße spannen, anfeuchten und trocknen lassen. Die Schulternähte schließen. Für den Rollkragen zwischen den stillgelegten M des Rücken- und Vorderteils jeweils 16 M auf Spielnd verteilt oder auf eine 50 cm lange Rundstricknd auffassen und zur Rd schließen. Nun im Rippenmuster in Rd 24 cm str. Dann alle M locker abk. Den Kragen zur Hälfte nach außen umschlagen.

3

MATERIAL

- Lana Grossa Meilenweit 6-fach (LL ca. 390 m/150 g) in Graublau (Fb 9246), 300 g
- Lana Grossa Silkhair (LL ca. 210 m/25 g) in Mint (Fb 175), 75 g
- Rundstricknadel 4,0-4,5 mm, 80 cm lang
- Nadelspiel 4,0-4,5 mm, 20 cm lang, oder Rundstricknadel 4,0-4,5 mm, 50 cm lang
- Maschenraffer oder zusätzliche Nadel zum Stilllegen der Maschen
- evtl. Maschenmarkierer

4

MATERIAL

- Lana Grossa Meilenweit 6-fach Mouliné (LL 390 m/150 g) in Beige/Weiß (Fb 8508), 150 g (ein 150-g-Knäuel reicht für zwei Modelle)
- Lana Grossa Silkhair (LL ca. 210 m/25 g) in Hellbeige (Fb 18), 25 g
- Nadelspiel 4,0-4,5 mm, 20 cm lang
- Maschenmarkierer

DER WINTER IST DA

GRÖSSE

für einen Kopfumfang von ca. 56-58 cm
Umfang (ungedehnt): ca. 44 cm
Höhe (mit Umschlag): ca. 22 cm

MASCHENPROBE

Im Rippenmuster mit 4,0-4,5 mm doppelfädig (= 1 Faden Meilenweit 6-fach Mounliné und 1 Faden Silkhair) etwa 28 M und 26-28 Rd (ungedehnt) = 10 cm x 10 cm

RIPPENMUSTER

Gerade M-Zahl.
1 M rechts, * 2 M links, 2 M rechts str, ab * fortlaufend wdh, enden mit 2 M links, 1 M rechts.

HINWEIS: ES WIRD DOPPELFÄDIG GESTRICKT, MIT JE 1 FADEN MEILENWEIT 6-FACH MOULINÉ UND 1 FADEN SILKHAIR.

ANLEITUNG

112 M anschl, gleichmäßig auf 4 Spielnd verteilen (= 28 M je Nd) und zur Rd schließen. Den Rd-Beginn mit einem M-Markierer kennzeichnen.
Im Rippenmuster in Rd str. Nach 23 cm Gesamtlänge ab Anschlagkante mit den Abnahmen beginnen.
1. Rd: Auf jeder Nd jeweils die ersten 2 M rechts überzogen zusammenstr (siehe Seite 139) und die letzten 2 M rechts zusammenstr (= 8 M abgenommen).
2. Rd: Die M str, wie sie erscheinen.
Die 1. und 2. Rd noch 9x wdh (= 32 M).
Nun noch 1 Rd ohne Abnahmen im Rippenmuster str.
In der folgenden Rd fortlaufend 2 M rechts zusammenstr (= 16 M).
Den Faden abschneiden und 2x durch die restlichen 16 M fädeln und diese zusammenziehen.

FERTIGSTELLEN

Alle Fäden vernähen. Den unteren Mützenrand 8-9 cm breit nach außen umschlagen.

BALD KOMMT DER NIKOLAUS

GRÖSSE

Länge: ca. 39 cm
Umfang: ca. 23 cm

MASCHENPROBE

Im Jacquardmuster mit Nd 7,0 mm
14 M und 18 Rd = 10 cm x 10 cm

GLATT RECHTS

In Hinr rechte M, in Rückr linke M str, bzw. in Rd alle M rechts str.

BÜNDCHENMUSTER

2 M rechts, 2 M links im Wechsel str.

JACQUARDMUSTER

M-Zahl teilbar durch 4 bzw. 8.
In allen Rd glatt rechts nach dem jeweiligen Zählmuster str. Den Rapport von 4 bzw. 8 M fortlaufend wdh.

JACQUARDMUSTER A

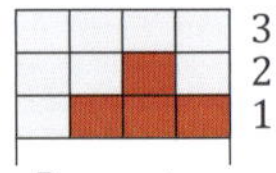

Rapport = 4 Maschen

Legende

- = Weinrot
- = Creme

JACQUARDMUSTER B

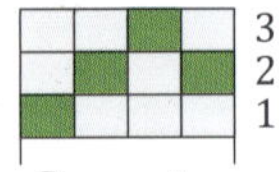

Rapport = 4 Maschen

Legende

- = Creme
- = Graugrün

JACQUARDMUSTER C

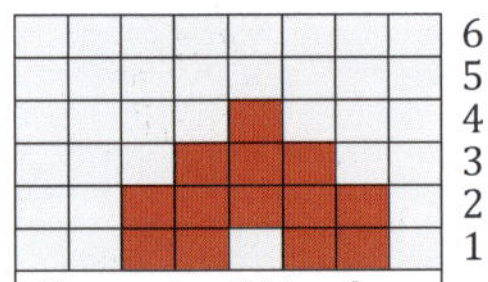

Rapport = 8 Maschen

Legende

- = Creme
- = Weinrot

JACQUARDMUSTER D

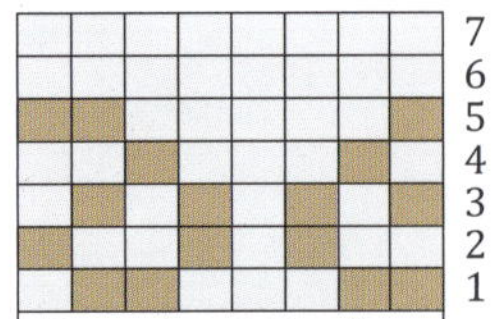

Rapport = 8 Maschen

Legende

- = Camel
- = Creme

JACQUARDMUSTER E

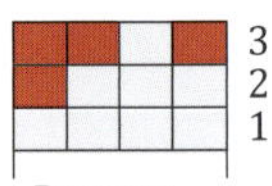

Rapport = 4 Maschen

Legende

- = Creme
- = Weinrot

5

MATERIAL

- Lana Grossa Mille II (LL ca. 55 m/50 g) in Weinrot (Fb 09), Creme (Fb 149), Graugrün (Fb 116) und Camel (Fb 53), je 50 g
- Nadelspiel 7,0 mm
- Häkelnadel 7,0 mm

ANLEITUNG

32 M in Weinrot anschl, gleichmäßig auf 4 Spielnd verteilen (= 8 M pro Nd) und zur Rd schließen. Für das **Bündchen** 5 Rd (= 3 cm) im Bündchenmuster str.

Den **Schaft** glatt rechts mit 2 Rd in Weinrot beginnen. Anschließend im Jacquardmuster A in Weinrot und Creme weiterarb. Die 1.-3. Rd des Zählmusters 1x str. Den Faden in Weinrot abschneiden. Danach im Jacquardmuster B in Creme und Graugrün weiterarb. Die 1.-3. Rd des Zählmusters 1x str. Den Faden in Graugrün abschneiden. 2 Rd in Creme arb. Nun im Jacquardmuster C in Creme und Weinrot weiterstr. Die 1.-6. Rd des Zählmusters 1x arb. Den Faden in Weinrot abschneiden. Anschließend im Jacquardmuster D in Camel und Creme weiterstr. Die 1.-7. Rd des Zählmusters 1x arb. Danach 1 Rd in Creme arb. Den Faden in Creme und den Faden in Camel abschneiden.

Nun die **Bumerangferse** glatt rechts in Graugrün über die M der 4. und 1. Nd nach der Grundanleitung (siehe Seite 146) str, nach der Hälfte der Ferse befinden sich 6 Dm, 4 einzelne M, 6 Dm auf der Nd. Den Faden in Graugrün abschneiden.

Den Fuß glatt rechts in Rd über alle M der 4 Spielnd str. 3 Rd in Creme arb. Anschließend im Jacquardmuster C in Creme und Weinrot weiterstr. Die 1.-6. Rd des Zählmusters 1x arb. Den Faden in Weinrot abschneiden. Danach im Jacquardmuster D in Camel und Creme weiterstr. Die 1.-7. Rd des Zählmusters 1x arb. Den Faden in Camel abschneiden. Nun im Jacquardmuster B in Creme und Graugrün weiterarb. Die 1.-3. Rd des Zählmusters 1x str. Den Faden in Graugrün abschneiden. Dann im Jacquardmuster E in Creme und Weinrot weiterarb. Die 1.-3. Rd des Zählmusters 1x str. Den Faden in Creme abschneiden. 2 Rd in Weinrot arb. Nun mit den Abnahmen für die **Bandspitze** beginnen. Die **Bandspitze** in Weinrot nach der Grundanleitung (siehe Seite 147) str.

Den Faden abschneiden und nach innen ziehen.

FERTIGSTELLEN

Alle Fäden vernähen. Mit einer Häkelnd am Rd-Beginn des Bündchens in Weinrot mit einer Km anschlingen und 10 Lm häkeln. Den Faden abschneiden. Die Lm-Kette zu einer Schlaufe legen und festnähen.

WARTEN AUF WEIHNACHTEN ②

IM HEUTIGEN TÜRCHEN FINDEST DU EIN NEUES MUSTER FÜR DEN SCHAL. DIE MATERIALANGABE SAGT DIR, MIT WELCHEN FARBEN GESTRICKT WIRD.

JACQUARDMUSTER B

M-Zahl teilbar durch 10.
In allen Rd glatt rechts nach dem Zählmuster str. Den Rapport von 10 M fortlaufend wdh.

JACQUARDMUSTER B

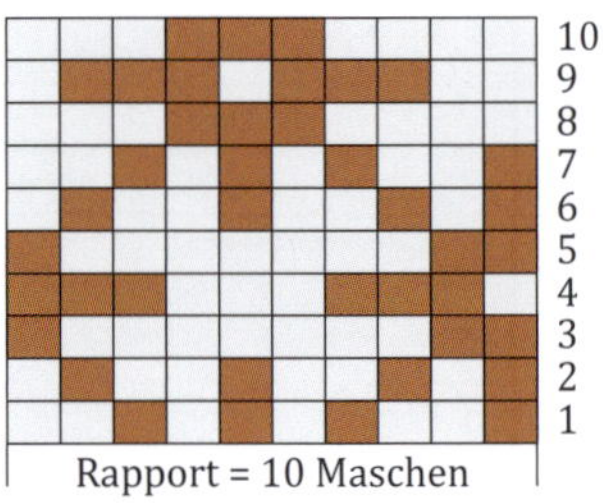

Legende

= Rohweiß
= Rostbraun

ANLEITUNG

Nun den Schal im Jacquardmuster B in Rohweiß und Rostbraun weiterstr. Die 1.-10. Rd des Zählmusters 11xr, dann noch für den Schal 1x die 1.-7. Rd str. Den Faden in Rostbraun abschneiden und 3 Rd in Rohweiß str.
Die Fortsetzung für den Schal findest du hinter einem anderen Türchen.

MEIN TIPP: AM BESTEN DIE FÄDEN NACH JEDEM MUSTERABSCHNITT VERNÄHEN, DAMIT DU DEN SCHAL ZUM SCHLUSS NICHT UMKREMPELN MUSST.

6

MATERIAL

- Lana Grossa Cool Wool 4 Socks (LL ca. 420 m/100 g) in Rohweiß (Fb 7710) und Rostbraun (Fb7712)

7

MATERIAL

- Lana Grossa Meilenweit 6-fach (LL ca. 390 m/150 g) in Natur (Fb 9228), 150 g
- Nadelspiel 3,0-3,5 mm, 15 cm lang
- evtl. Maschenmarkierer

WINTERWETTER

GRÖSSE
Einheitsgröße

MASCHENPROBE
Glatt rechts mit Nd 3,0-3,5 mm
21-22 M und 30 Rd = 10 cm x 10 cm

GLATT RECHTS
In Rd alle M rechts str.

RIPPENSTRUKTURMUSTER
M-Zahl teilbar durch 4.
1.+2. Rd: 2 M links, 2 M rechts im Wechsel str.
3.+4. Rd: Alle M rechts str.
Die 1.-4. Rd fortlaufend wdh.

ANLEITUNG
88 M locker anschl, gleichmäßig auf 4 Spielnd verteilen (= 22 M je Nd) und zur Rd schließen. Der Rd-Übergang liegt zwischen 1. und 4. Nd = hintere Mitte.
20 cm im Rippenstrukturmuster str. Nach etwa 20 cm ab Anschlag gemessen in einer 2. Rd des Musters immer die beiden linken M links zusammenstr (= 66 M). Noch 8 cm weiterarb, dabei die M str, wie sie erscheinen. In 28 cm Höhe alle M locker abk. Die Fäden vernähen.
Die zweite Stulpe genauso arb.

MEIN TIPP: AUS EINEM 150-G-KNÄUEL KÖNNEN AUCH LÄNGERE STULPEN GESTRICKT WERDEN! DER GENAUE VERBRAUCH FÜR DAS BESCHRIEBENE MODELL LIEGT BEI 100 G.

STERNENHIMMEL

GRÖSSE

36/37, 38/39, 40/41, 42/43
Die Angaben für die einzelnen Größen stehen hintereinander, jeweils durch Schrägstriche getrennt. Steht nur eine Angabe, gilt diese für alle Größen.

MASCHENPROBE

Im Jacquardmuster mit Nd 2,5-3,0 mm
34 M und 38 Rd = 10 cm x 10 cm

GLATT RECHTS

In Hinr rechte M, in Rückr linke M str, bzw. in Rd alle M rechts str.

BÜNDCHENMUSTER

2 M rechts, 2 M links im Wechsel str.

JACQUARDMUSTER A, B UND C

M-Zahl teilbar durch 32 bzw. 34 M und 4 M.
In allen Rd glatt rechts nach dem jeweiligen Zählmuster str. Den Rapport von 32 M bzw. 34 M insgesamt 2x str, den Rapport von 4 M fortlaufand wdh.

ANLEITUNG

64/64/68/68 M in Dunkelrot anschl, gleichmäßig auf 4 Spielnd verteilen (= 16/16/17/17 M pro Nd) und zur Rd schließen.
Für das **Bündchen** * 3 Rd in Dunkelrot, 3 Rd in Rohweiß str, ab* 1x wdh, anschließend 3 Rd (= 3 cm) in Dunkelrot im Bündchenmuster str. Den Faden in Dunkelrot abschneiden.
Den **Schaft** glatt rechts mit 3 Rd in Rohweiß beginnen. Anschließend im Jacquardmuster A in Hellblau und Rohweiß weiterarb. Die 1.- 25. Rd des Zählmusters 1x str. Den Faden in Hellblau abschneiden. Danach * 3 Rd in Rohweiß, 3 Rd in Dunkelrot arb, ab * 3x wdh. Den Faden in Dunkelrot abschneiden. 1 Rd in Rohweiß str.
Nun die **Bumerangferse** glatt rechts in Rohweiß über die 32/32/34/34 M der 4. und 1. Nadel nach der Grundanleitung str (siehe Seite 146).
Den Fuß weiter glatt rechts über alle M der 4 Spielnd arb. * 3 Rd in Dunkelrot, 3 Rd in Rohweiß str, ab * 4/5/6/7x wdh. Danach 3 Rd in Dunkelrot arb.
Socke 1: Nun im Jacquardmuster B in Rohweiß und Hellblau weiterstr. Die 1.-4. Rd des Zählmusters 2x arb.
Socke 2: Nun im Jacquardmuster C in Rohweiß und Hellblau weiterstr. Die 1.-4. Rd des Zählmusters 2x arb.
Den Faden in Hellblau abschneiden. * 3 Rd in Dunkelrot, 3 Rd in Rohweiß str, ab * 1x wdh. Den Faden in Rohweiß abschneiden. Die Socke in Dunkelrot beenden, dabei nach 16/17,5/19/20,5 cm ab Fersenmitte mit den Ab1nahmen für die **Bandspitze** beginnen. Die **Bandspitze** nach der Grundanleitung str (siehe Seite 147).
Den Faden abschneiden und nach innen ziehen.
Alle Fäden vernähen.

DAS KLEINE

8

MATERIAL

- Lana Grossa Meilenweit 50 (LL ca. 210 m/50 g) in Dunkelrot (Fb 1323), Rohweiß (Fb 1113) und Hellblau (Fb 1375), je 50 g
- Nadelspiel 2,5-3,0 mm

JACQUARDMUSTER B

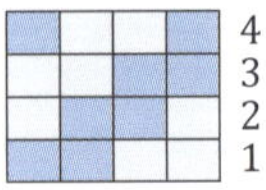

Legende

☐ = Rohweiß
☐ = Hellblau

JACQUARDMUSTER C

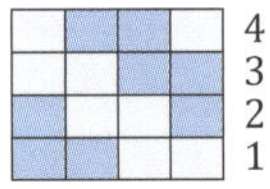

Legende

☐ = Rohweiß
☐ = Hellblau

HINWEIS: DIE DRUCKVORLAGE FÜR DIE SCHÖNE BANDEROLE FINDEST DU NACH ERFOLGTER REGISTRIERUNG IN DER DIGITALEN BIBLIOTHEK.

JACQUARDMUSTER A: GRÖSSE 36/37 UND 38/39

Legende

= Hellblau

= Rohweiß

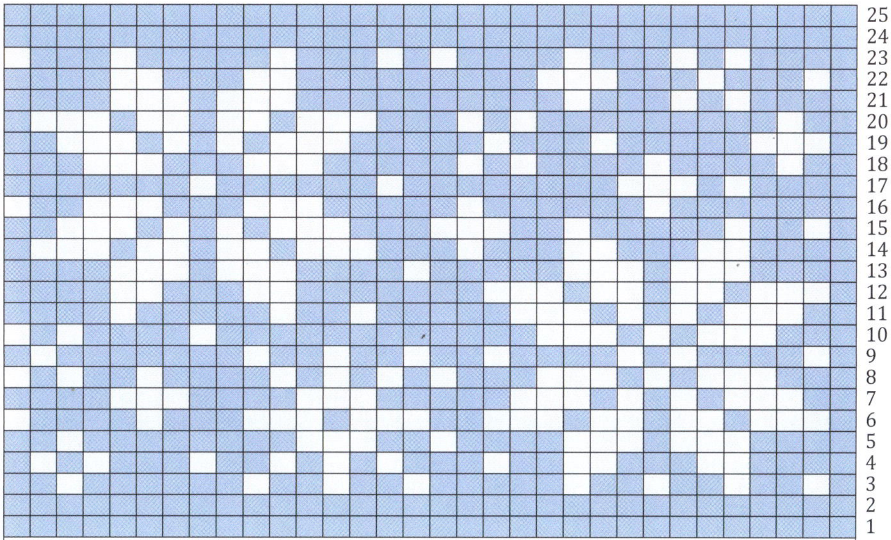

Rapport = 32 Maschen

JACQUARDMUSTER A: GRÖSSE 40/41 UND 42/43

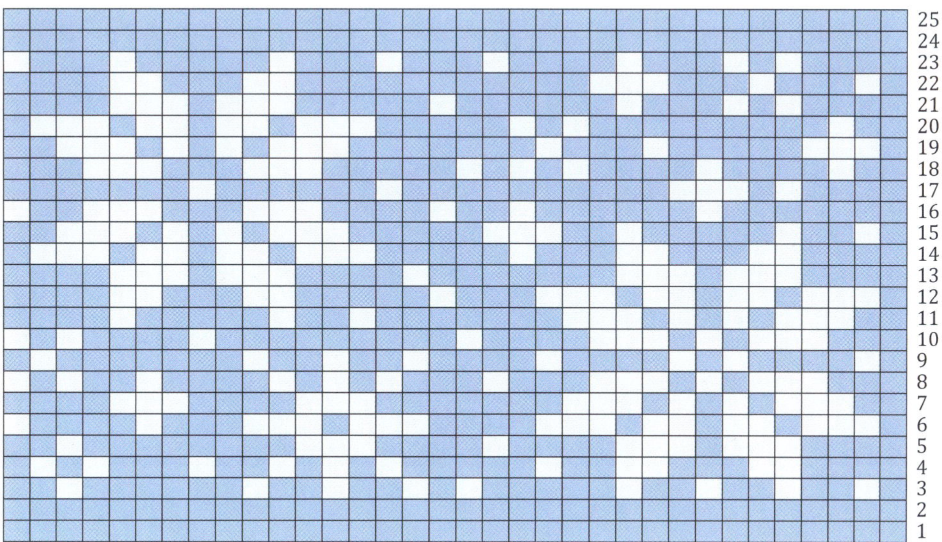

Rapport = 34 Maschen

TANNENTRÄUME

GRÖSSE
ø 8 cm

MASCHENPROBE
Im Jacquardmuster mit Nd 2,5-3,0 mm
34 M und 40 Rd = 10 cm x 10 cm

GLATT RECHTS
In Rd alle M rechts str.

BÜNDCHENMUSTER
2 M rechts, 2 M links im Wechsel str.

JACQUARDMUSTER A (Türchen 1), Jacquardmuster B (Türchen 6), Jacquardmuster C
M-Zahl teilbar durch 10 bzw. 20.
In allen Rd glatt rechts nach dem jeweiligen Zählmuster str. Den Rapport von 10 bzw. 20 M fortlaufend wdh.

JACQUARDMUSTER C

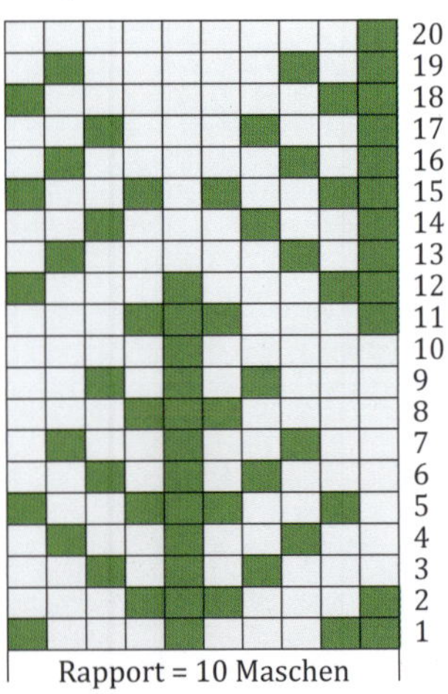

Legende
☐ = Rohweiß
■ = Graugrün

ANLEITUNG

HINWEIS: ES WERDEN MUSTERSCHLÄUCHE GESTRICKT. AUS JEDEM SCHLAUCH ENTSTEHEN ZWEI RAHMEN.

Je Musterschlauch 80 M in Rohweiß anschl, gleichmäßig auf 4 Spielnd verteilen (= 20 M pro Nd) und zur Rd schließen.
Für das **Bündchen** jeweils 5 Rd (= 1,5 cm) im Bündchenmuster str.
Die Schläuche glatt rechts mit 5 Rd in Rohweiß beginnen.
Rahmen 1: Im Jacquardmuster A in Rohweiß und Dunkelrot weiterarb. Die 1.-12. Rd des Zählmusters 3x str (= 8,5 cm).
Rahmen 2: Im Jacquardmuster B in Rohweiß und Goldgelb weiterarb. Die 1.-10. Rd des Zählmusters 3x str (8,5 cm).
Rahmen 3: Im Jacquardmuster C in Rohweiß und Graugrün weiterarb. Die 1.-20. Rd des Zählmusters 2x str (= 8,5 cm).
Danach in Rohweiß 5 Rd glatt rechts und 5 Rd im Bündchenmuster arb. Alle M abk.

FERTIGSTELLEN
Alle Fäden vernähen. Die Schläuche anfeuchten und spannen. Anschließend am Rd-Beginn von der unteren, zur oberen Kante aufschneiden. Die Muster in den Rahmen spannen und knappkantig abschneiden. Damit auch die Rückseite schön aussieht, kannst du aus Pappkarton einen passenden Kreis ausschneiden und ihn auf dem Rahmen aufkleben.

9

MATERIAL

- Lana Grossa Cool Wool 4 Socks (LL ca. 420 m/100 g) in Terrakotta (Fb 7714), Graugrün (Fb 7702), Rostbraun (Fb 7712), Rohweiß (Fb 7710), Dunkelrot (Fb 7715) und Goldgelb (Fb 7713), je 100 g
- Nadelspiel 2,5-3,0 mm
- Stickrahmen, ø 8 cm
- Faden zum Aufhängen
- Bei Bedarf: Pappkarton und Kleber

10

MATERIAL

- Sockengarn 4-fach (LL ca. 210 m/50 g) in Rot und Weiß, Reste (je ca. 5 g)
- Nadelspiel 2,5-30 mm
- Pfeifenreiniger

ZUCKERSÜSS

GRÖSSE
Länge: ca. 10 cm

MASCHENPROBE
Glatt rechts mit Nd 2,5-3,0 mm
34 M und 42 Rd = 10 cm x 10 cm

HINWEIS: DAS LECKERE REZEPT FÜR DAS SCHOKOLADEN-FUDGE FINDEST DU NACH ERFOLGTER REGISTRIERUNG IN DER DIGITALEN BIBLIOTHEK. EINFACH AUSDRUCKEN, NACH ANLEITUNG VORGEHEN UND GENIESSEN.

GLATT RECHTS
In Rd alle M rechts str.

ANLEITUNG
8 M in Rot anschl, gleichmäßig auf 4 Spielnd verteilen (= 2 M pro Nd) und zur Rd schließen. * 3 Rd in Rot, 3 Rd in Weiß str, ab * 6x wdh. Weitere 3 Rd in Rot str und anschließend die M abk.

FERTIGSTELLEN
Die weißen Garnenden kürzen und in den Schlauch stecken. Einen Pfeifenreiniger in den Schlauch schieben und knappkantig abschneiden. Die Enden mit den roten Endfäden schließen und die Zuckerstange nach 7 cm umbiegen.

RAUREIF

GRÖSSE

für ca. 52-56 cm Kopfumfang
Länge/Umfang: ca. 46 cm
Breite: ca. 10-11 cm

MASCHENPROBE

Mit Nd 5,5-6,0 mm im Zopfrippenmuster (ungedehnt) 20 M und 25 R = 10 cm x 10 cm

RANDMASCHEN

In den Hinr die ersten und letzten 2 M rechts str. In Rückr die ersten und letzten 2 M wie zum Linksstr abheben, dabei den Faden dabei vor den M mitführen.

ZOPFRIPPENMUSTER

Nach der Strickschrift str. Es sind nur die Hinr eingezeichnet, in den Rückr die M str, wie sie erscheinen.

HINWEISE: DIE STRICKSCHRIFT FINDEST DU AUF SEITE 151.
DIE RDM SIND NICHT EINGEZEICHNET.
BIS ZUR 15. R BETRÄGT DER RAPPORT 20 M, AB DER 35. R BETRÄGT DER RAPPORT 16 M.

ANLEITUNG

Das Modell wird quer als Band im Rippenmuster gestrickt, zu Beginn in einem schräglaufenden Zopfmuster (= 1.-8. R der Strickschrift). Ab der Mitte etwa im Rippenmuster weiterarb, dafür 1x die 9.-42. R str. Danach die 43. und 44. R fortlaufend wdh.
24 M anschl und in der nächsten Rückr in folgender Einteilung arb: 2 M wie zum Linksstr abh, den Faden vor den M weiterführen (Rdm), 1 M rechts, * 2 M links, 2 M rechts, ab * fortlaufend wdh, enden mit 2 M links, 1 M rechts, 2 M wie zum Linksstr abh, den Faden vor den M weiterführen (Rdm).
Anschließend zwischen den Rdm die 1.-8. R der Strickschrift fortlaufend wdh, bis etwa 17-18 cm ab Anschlagkante erreicht sind. Nun 1x die 9.-42. R str und dabei wie gezeichnet 4 M abnehmen (= 20 M). Danach die 43. und 44. R fortlaufend wdh. Wenn etwa 46 cm Gesamtlänge ab Anschlag erreicht sind, alle M abk oder stilllegen (siehe Tipp).

FERTIGSTELLEN

Die Anschlag- und die Abkettkante zusammennähen, sodass ein Ring entsteht. Alle Fäden vernähen.

MEIN TIPP: EINE BESONDERS FLACHE NAHT ENTSTEHT, WENN DU DIE MASCHEN NICHT ABKETTEST, SONDERN IM MASCHENSTICH DIREKT MIT DER ABKETTKANTE VERBINDEST.

11

MATERIAL

- Lana Grossa Brigitte No. 2 (LL ca. 140 m/50 g) in Graugrün (Fb 18), 50 g (ausreichend für zwei Modelle)
- Jacken- oder Rundstricknadel 5,5-6,0 mm
- Hilfsnadel

12

MATERIAL

- Lana Grossa Cool Wool 4 Socks (LL ca. 420 m/100 g) in Rohweiß (Fb 7710) und Terrakotta (Fb 7714)

WARTEN AUF WEIHNACHTEN ③

IN DEM HEUTIGEN TÜRCHEN FINDEST DU EIN NEUES MUSTER FÜR DEN SCHAL. DIE MATERIALANGABE SAGT DIR, MIT WELCHEN FARBEN GESTRICKT WIRD.

JACQUARDMUSTER C

M-Zahl teilbar durch 10.
In allen Rd glatt rechts nach dem Zählmuster str. Den Rapport von 10 M fortlaufend wdh.

ANLEITUNG

Im Jacquardmuster C in Rohweiß und Terrakotta weiterarb. Die 1.-20. Rd des Zählmusters 6x, dann noch 1x die 1. und 2. Rd str. Den Faden in Terrakotta abschneiden und 3 Rd in Rohweiß str.
Die Fortsetzung für den Schal findest du hinter einem anderen Türchen.

JACQUARDMUSTER C

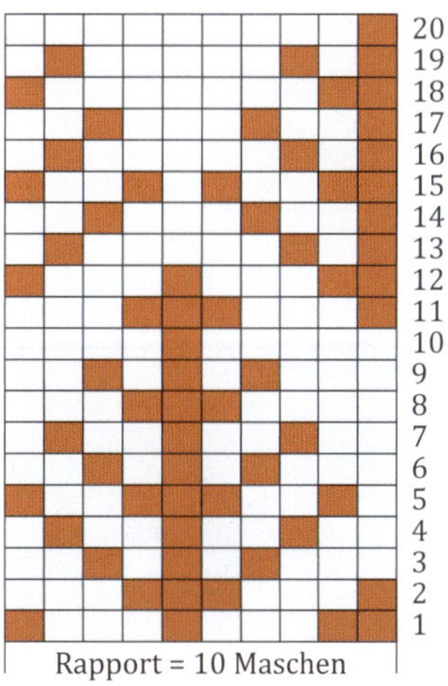

Legende

☐ = Rohweiß
■ = Terrakotta

GEMÜTLICHKEIT

HINWEIS ZUM MATERIALVERBRAUCH: FÜR EIN 2-FARBIGES PAAR SOCKEN WERDEN 38-40 G IN CURRY UND 58-60 G IN NATUR BENÖTIGT, FÜR EIN 3-FARBIGES PAAR WERDEN 45-50 G IN CURRY, 28-34 G IN GRAU UND 20-24 G IN NATUR BENÖTIGT.

GRÖSSE

36/37, 38/39, 40/41, 42/43

Die Angaben für die einzelnen Größen stehen hintereinander, jeweils durch Schrägstriche getrennt. Steht nur eine Angabe, gilt diese für alle Größen.

MASCHENPROBE

Glatt rechts mit Nd 3,0-3,5 mm

21-22 Maschen und 28-30 Rd = 10 cm x 10 cm

BÜNDCHENMUSTER

M-Zahl teilbar durch 2.

1 M rechts verschränkt, 1 M links im Wechsel str.

GLATT RECHTS

In Hinr rechte M, in Rückr linke M str, bzw. in Rd alle M rechts str.

HEBEMASCHENMUSTER

M-Zahl teilbar durch 6.

In Rd nach der Strickschrift str. Den Rapport von 6 M und die 1.-4. Rd fortlaufend wdh, dabei jeweils die nicht benötigte Fb locker mitführen.

HINWEIS: 1 M ABHEBEN = 1 M WIE ZUM LINKSSTR ABHEBEN MIT DEM FADEN HINTER DER M (SIEHE SEITE 150).

1. Rd (Fb B): * 1 M abheben, 1 M rechts, 1 M abheben, 3 M rechts, ab * fortlaufend wdh.

2. Rd (Fb B): * 1 M abheben, 1 M links, 1 M abheben, 3 M rechts, ab * fortlaufend wdh.

3. Rd (Fb A): * 3 M rechts, 1 M abheben, 1 M rechts, 1 M abheben, ab * fortlaufend wdh.

4. Rd (Fb A): * 3 M rechts, 1 M abheben, 1 M links, 1 M abheben, ab * fortlaufend wdh.

Die 1.-4. Rd fortlaufend wdh, dabei jeweils die nicht benötigte Fb locker mitführen.

STRICKSCHRIFT

al	–	al	■	■	■	4, Farbe A
al	■	al	■	■	■	3, Farbe A
■	■	■	al	–	al	2, Farbe B
■	■	■	al	■	al	1, Farbe B

Rapport = 6 Maschen

Legende

■ = 1 Masche rechts in der entsprechenden Farbe

– = 1 Masche links in der entsprechenden Farbe

al = 1 Masche wie zum Linksstricken abheben mit dem Faden hinter der Masche (siehe Seite 150)

13

MATERIAL

- Lana Grossa Meilenweit 6-fach (LL 390 m/150 g) in Natur (Fb 9228), Curry (Fb 9242) und Grau meliert (Fb 8961), je 150 g
- Nadelspiel 3,0-3,5 mm, 15 cm lang

2-FARBIGE VARIANTE

Fb A = Natur, Fb B = Curry
48/48/52/52 M in Fb A anschl, gleichmäßig auf 4 Spielnd verteilen (= 12/12/13/13 M je Nd) und zur Rd schließen. Der Rd-Beginn liegt in der hinteren Mitte.
2 Rd glatt rechts str, dann 2 cm im Bündchenmuster arb. Anschließend 1 Rd rechte M str.
Nur für Größe 40/41 und 42/43 in der folgenden Rd rechte M str und dabei im Bereich der 1. und 4. Nd verteilt 2 M linksgeneigt aus dem Querfaden zunehmen (siehe Seite 140) (= je 14 M auf der 1. und 4. Nd).
Dann für den **Schaft** im Hebemaschenmuster arb.
In etwa 16 cm ab Anschlag nach einer geraden Rd des Hebemaschenmusters über die jeweils 12/12/14/14 M der 1. und 4. Nd nun noch 4 Rd glatt rechts weiterarb. Dabei nur für Größe 40/41 und 42/43 in der 1. Rd über die M der 1. und 4. Nd 2x 2 M rechts zusammenstr (= je 13 M auf der 1. und 4. Nd).
Über 24 M der 2. und 3. Nd das Hebemaschenmuster fortsetzen, für Größe 40/41 und 42/43 die äußere M der 2. und 3. Nd glatt rechts str.
Dann die **Bumerangferse** glatt rechts in der nachfolgenden Fb über die 24/24/26/26 M der 4. und 1. Nd nach der Grundanleitung str (siehe Seite 146).
Anschließend den Fuß str. Dafür über 24 M des Oberfußes das Hebemaschenmuster weiterarb, über die restlichen M glatt rechts entsprechend in Ringeln str.
Nach 18/20/21,5/22,5 cm ab Fersenmitte mit den Abnahmen für die **Bandspitze** beginnen. Die **Bandspitze** glatt rechts in der nachfolgenden Fb arb nach der Grundanleitung str (siehe Seite 147).
Alle Fäden vernähen.
Die zweite Socke ebenso arb.

2-FARBIGE MUSTERVARIANTE

Für unsere 2-farbigen Socken von Seite 118/119 (auch unten rechts in der Abbildung auf Seite 67 zu sehen) haben wir Meilenweit 6-fach in den Fb Rot (Fb 8966) bzw. Curry (Fb 9242) und Weiß (Fb 8840) verwendet. Die Socken wurden dabei nach der Farbeinteilung für die 3-farbige Variante (siehe unten) gearbeitet, jedoch nur mit jeweils 2 Fb.
Das bedeutet, das Hebemaschenmuster wird in folgender Farbfolge gestrickt:
* 8 Rd Fb B = Rot oder Curry, Fb A = Natur,
8 Rd Fb B = Natur, Fb A = Rot oder Curry.
Ab * fortlaufend wdh.
Bündchen, Bumerangferse und Bandspitze in Rot oder Curry arb.

3-FARBIGE VARIANTE

Wie die 2-farbigen Socken arb, dabei jedoch das Hebemaschenmuster in folgender Farbeinteilung str:
* 8 Rd Fb B = Grau, Fb A = Curry, 8 Rd Fb B = Natur, Fb A = Grau, 8 Rd Fb B = Curry, Fb A = Natur.
Ab * fortlaufend wdh.
Bündchen, **Bumerangferse** und **Bandspitze** in Curry arb.

MÄRCHENHAFT

GRÖSSE

Länge: ca. 25 cm
Umfang: ca. 20 cm

MASCHENPROBE

Im Jacquardmuster mit Nd 2,5-3,0 mm
34 M und 40 Rd = 10 cm x 10 cm

GLATT RECHTS

In Rd alle M rechts str.

BÜNDCHENMUSTER 1

1 M rechts, 1 M links im Wechsel in Pastellblau str.

BÜNDCHENMUSTER 2

1 M rechts in Pastellblau, 1 M links in Weiß im Wechsel str.

JACQUARDMUSTER A-D

M-Zahl jeweils teilbar durch 6.
In allen Rd glatt rechts nach dem jeweiligen Zählmuster str. Den Rapport von 6 M fortlaufend wdh.

ANLEITUNG

66 M in Pastellblau anschl, gleichmäßig auf 4 Spielnd verteilen (= 16/17/16/17 M pro Nd) und zur Rd schließen.
Für das **Bündchen** jeweils 6 Rd im Bündchenmuster 1 und im Bündchenmuster 2 str.
Anschließend glatt rechts weiterarb. 2 Rd 1 M in Weiß, 1 M in Curry im Wechsel und 4 Rd 1 M in Curry, 1 M in Weiß im Wechsel str. Dann im Jacquardmuster A in Curry und Weiß weiterarb. Die 1.-5. Rd des Zählmusters 1x str. Den Faden in Curry abschneiden. Danach im Jacquardmuster B in Weiß und Mint weiterarb. Die 1.-8. Rd des Zählmusters 1x str. Den Faden in Mint abschneiden. Nun im Jacquardmuster C in Pastellblau, Weiß und Rostbraun weiterarb. Die 1.-17. Rd 1x str und danach noch 1x die 1.-16. Rd des Zählmusters str. Die Fäden in Pastellblau und in Rostbraun abschneiden. Im Jacquardmuster B in Weiß und Mint weiterarb. Die 1.-8. Rd des Zählmusters 1x str. Den Faden in Mint abschneiden. Dann im Jacquardmuster D in Curry und Weiß weiterarb. Die 1.-5. Rd des Zählmusters 1x str. Danach 4 Rd 1 M in Curry, 1 M in Weiß im Wechsel und dann 2 Rd 1 M in Weiß, 1 M in Curry im Wechsel arb. Den Faden in Curry abschneiden. 1 Rd 1 M in Pastellblau, 1 M in Weiß im Wechsel str.
Die Stulpe mit 5 Rd im Bündchenmuster 2 und 6 Rd im Bündchenmuster 1 beenden. Die M locker abk, wie sie erscheinen. Alle Fäden vernähen.
Die zweite Stulpe genauso arb.

JACQUARDMUSTER A

Rapport = 6 Maschen

JACQUARDMUSTER B

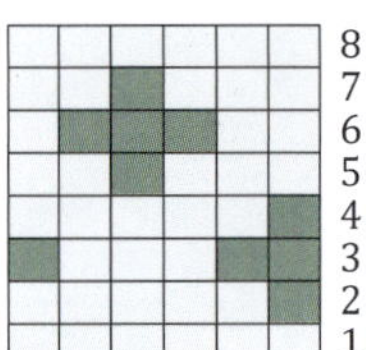

Rapport = 6 Maschen

JACQUARDMUSTER D

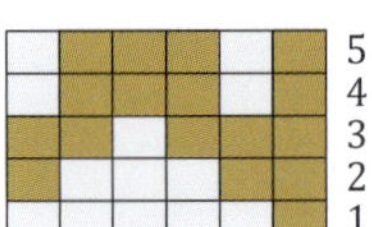

Rapport = 6 Maschen

Legende

- = Curry
- = Weiß
- = Mint
- = Pastellblau
- = Rostbraun

JACQUARDMUSTER C

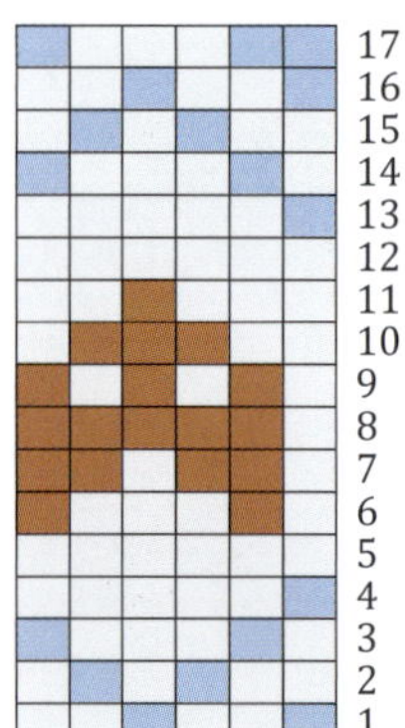

Rapport = 6 Maschen

14

MATERIAL

- Lana Grossa Meilenweit 50 Cashmere (LL ca. 210 m/50 g) in Weiß (Fb 01), Pastellblau (Fb 49), Curry (Fb 46), Mint (Fb 28), je 50 g
- Lana Grossa Cool Wool 4 Socks Uni (LL ca. 420 m/100 g) in Rostbraun (Fb 7712), Rest (ca. 5 g)
- Nadelspiel 2,5-3,0 mm

15

MATERIAL

- Sockengarn 4-fach, z. B. Lana Grossa Meilenweit 50 (LL ca. 210 m/50 g), in verschiedenen Farben, Reste (ca. 5 g pro Dreieck)
- 2 Nadeln eines Nadelspiels oder Rundstricknadel 2,5 mm
- Häkelnadel 2,5 mm
- Nähnadel und farblich passendes Nähgarn
- Mini-Glöckchen, ø 8 mm

FARBENSPIEL

GRÖSSE (JE WIMPEL)

Länge: ca. 6 cm
Höhe: ca. 7 cm
Die Länge der Wimpelkette bestimmst du selbst.

MASCHENPROBE

Kraus rechts mit Nd 2,5 mm
34 M und 42 Rd = 10 cm x 10 cm

KRAUS RECHTS

In Hin- und Rückr rechte M str.

DOPPELTE RANDMASCHE

Die doppelte Rdm in jeder R über 2 M wie folgt str:
R-Anfang: Die erste M wie zum Linksstr abheben, den Faden dabei vor der M weiterführen, 1 M rechts str.
R-Ende: Die vorletzte M wie zum Linksstr abheben, den Faden dabei vor der M weiterführen, 1 M rechts str.

ANLEITUNG

21 M anschl und wie folgt in R str:
1.-3. R: Rdm, bis 2 M vor R-Ende rechts str, Rdm.
4. R (Hinr): Rdm, 2 M überzogen zusammenstr (siehe Seite 139), bis 4 M vor R-Ende rechts str, 2 M rechts zusammenstr, Rdm
Die 1.-4. R 6x wdh. In der 28. R sind noch 7 M auf der Nd.
Anschließend wie folgt weiterarb.
29.-31. R: Rdm, 3 M rechts str, Rdm.
32. R: Rdm, 3 M mit aufliegender Mittel-M zusammenstr (siehe Seite 139), Rdm (= 5 M).
33. R: Rdm, 1 M rechts str, Rdm.
34. R: 1 M wie zum Linksstr abheben, dabei den Faden vor der M weiterführen, 3 M mit aufliegender Mittel-M zusammenstr, 1 M rechts (= 3 M).
35. R: 1 M wie zum Linksstr abheben, dabei den Faden vor der M weiterführen, 1 M rechts, 1 M links str.
36. R: 3 M mit aufliegender Mittel-M zusammenstr.
Den Faden abschneiden und durch die letzte M ziehen.

FERTIGSTELLEN

Die Fäden vernähen. Mit farblich passendem Nähgarn die kleinen Glöckchen an die Dreieckspitzen nähen. Zum Verbinden der Dreiecke 55 Lm anschl und über die Anschlag-M des ersten Dreiecks 21 Km häkeln. Dann * 10 Lm arb und über die Anschlag-M des nächsten Dreiecks 21 Km häkeln. Ab * so oft wdh, bis die gewünschte Länge der Wimpelkette erreicht ist. Zum Schluss 55 Lm arb. Den Faden abschneiden und auf jeder Seite ein Mini-Glöckchen auf den Faden ziehen. Die Fäden vernähen.

LIEBLINGSHIRSCH

GRÖSSE

36/37, 38/39, 40/41, 42/43
Die Angaben für die einzelnen Größen stehen hintereinander, jeweils durch Schrägstriche getrennt. Steht nur eine Angabe, gilt diese für alle Größen.

MASCHENPROBE

Glatt rechts mit Nd 2,0-2,5 mm
30 M und 42 Rd = 10 cm x 10 cm

BÜNDCHENMUSTER

M-Zahl teilbar durch 2.
1. Rd: 1 M rechts, 1 M links im Wechsel str.
2. Rd: * 1 M wie zum Linksstr abheben, den Faden dabei hinter der M weiterführen, 1 M links, ab * fortlaufend wdh.
Die 1. und 2. Rd fortlaufend wdh.

GLATT RECHTS

In Hinr rechte M, in Rückr linke M str, bzw. in Rd alle M rechts str.

RIPPENMUSTER (für den Schaft)

M-Zahl teilbar durch 4
1. Rd: Alle M rechts str.
2. Rd: * 1 M rechts, 1 M links, 2 M rechts, ab * fortlaufend wdh.
Bitte die Rd wie beschrieben beginnen und damit jede 2. Rippe des Bündchens fortführen (Rd-Beginn = hintere Mitte), die 1. und 2. Rd fortlaufend wdh.

STRUKTURMUSTER „HIRSCH"

Muster über 30 M des Oberfußes. In allen Rd nach der Strickschrift str. Die 1.-54. Rd 1x str.

ANLEITUNG

60/60/64/64 M anschl, gleichmäßig auf 4 Spielnd verteilen (= 15/15/16/16 M je Nd) und zur Rd schließen. Der Rd-Beginn liegt in der hinteren Mitte.
Für den Minirollrand zu Beginn 3 Rd glatt rechts str, dann 2 cm im Bündchenmuster arb. Anschließend für den kurzen **Schaft** 6 cm im Rippenmuster str, danach glatt rechts weiterarb. In etwa 8 cm Höhe ab Anschlag die **Bumerangferse** glatt rechts über die 30/30/32/32 M der 4. und 1. Nd nach der Grundanleitung str (siehe Seite 146).
Anschließend den Fuß str. Nach 5/5/9/9 Rd ab der Ferse gezählt mit dem Strukturmuster beginnen. Dafür über 30 M des Oberfußes 1x die 1.-54. Rd der Strickschrift str, über die restlichen M glatt rechts str.
Nach Beenden der Strickschrift ggf. noch einige Rd glatt rechts über alle M str. Nach 18,5/20/21/22 cm ab Fersenmitte mit den Abnahmen für die **Bandspitze** beginnen. Die **Bandspitze** glatt rechts nach der Grundanleitung str (siehe Seite 147). Alle Fäden vernähen.
Die zweite Socke ebenso arb.

MEIN TIPP: JE KLARER UND HELLER DIE GARNFARBE, DESTO DEUTLICHER IST DAS MOTIV ZU ERKENNEN (SIEHE AUCH SEITE 105).

16

MATERIAL

- Lana Grossa Meilenweit 50 (LL ca. 210 m/50 g) in Rost (Fb 1406), 100 g
- Nadelspiel 2,0-2,5 mm, 15 cm lang

STRICKSCHRIFT

Legende

[–] = 1 Masche links

[■] = 1 Masche rechts

AUSZEIT

GRÖSSE

Größe 1: Umfang 30 cm, Höhe 13 cm
Größe 2: Umfang 30 cm, Höhe 16 cm
Die Angaben für Größe 1 stehen vor, für Größe 2 nach dem Schrägstrich. Steht nur eine Angabe, gilt diese für beide Größen.

MASCHENPROBE

Im Zopfmuster mit Nd 3,0-3,5 mm (gedehnt gemessen) 24 M und 40 Rd = 10 cm x 10 cm

HINWEIS: DAS LECKERE BISCOTTI-REZEPT FINDEST DU NACH ERFOLGTER REGISTRIERUNG IN DER DIGITALEN BIBLIOTHEK. EINFACH AUSDRUCKEN, LOSBACKEN UND GENIESSEN.

ZOPFMUSTER

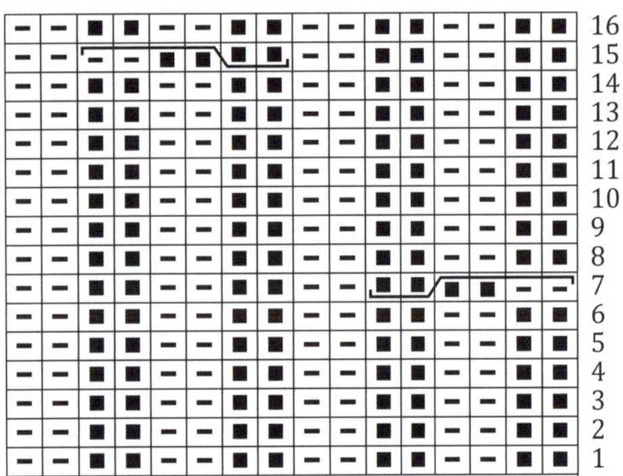

Muster = 16 Maschen

Legende

= 1 Masche rechts
= 1 Masche links
= 4 Maschen auf einer Hilfsnadel hinter die Arbeit legen, 2 Maschen rechts stricken, dann die Maschen der Hilfsnadel 2 Maschen links und 2 Maschen rechts stricken
= 2 Maschen auf einer Hilfsnadel vor die Arbeit legen, 2 Maschen rechts und 2 Maschen links stricken, dann die 2 Maschen der Hilfsnadel rechts stricken

ZOPFMUSTER

M-Zahl teilbar durch 16.
In Rd nach der Strickschrift str. Es sind alle Rd gezeichnet. Den Rapport von 16 M und die 1.-16. Rd fortlaufend wdh.
1.-6. Rd: 2 M rechts, 2 M links im Wechsel str.
7. Rd: 4 M auf einer Hilfsnd hinter die Arbeit legen, 2 M rechts str, dann die M der Hilfsnd 2 M links und 2 M rechts str, * 2 M links, 2 M rechts, ab * 1x wdh, 2 M links str.
8.-14. Rd: 2 M rechts, 2 M links im Wechsel str.
15. Rd: * 2 M rechts, 2 M links, ab * 1x wdh, 2 M auf einer Hilfsnd vor die Arbeit legen, 2 M rechts, 2 M links str, dann die 2 M der Hilfsnd rechts str, 2 M links str.
16. Rd: 2 M rechts, 2 M links im Wechsel str.
Die 1.-16. Rd fortlaufend wdh.

ANLEITUNG

80 M in Natur bzw. Curry anschl, gleichmäßig auf 4 Spielnd verteilen (= 20 M pro Nd) und dann zur Rd schließen.
Nun im Zopfmuster arb. Den Rapport von 16 M 5x pro Rd str. Die 1.-16. Rd der Strickschrift 3x/4x arb. Anschließend 3 Rd 2 M rechts, 2 M links im Wechsel str.
Die M locker abk, wie sie erscheinen. Den Faden abschneiden.

FERTIGSTELLEN

Die Fäden vernähen.

17

MATERIAL

- Lana Grossa Meilenweit 6-fach 150 (LL 390 m/150 g) in Natur (Fb 9228) und Curry (Fb 9242), ca. 25 g für Größe 1, ca. 35 g für Größe 2
- Nadelspiel 3,0-3,5 mm
- Hilfs- oder Zopfnadel
- Gläser mit oder ohne Deckel, Größe 1: ø 9,5 cm, 13,5 cm hoch, Größe 2: ø 9,5 cm, 16,5 cm hoch

18

MATERIAL

- Lana Grossa Meilenweit 50 (LL ca. 210 m/50 g) in Rohweiß (Fb 1113), Rost (Fb 1406) bzw. Dunkelrot (Fb 1323) bzw. Hellblau (Fb 1375), je 50 g, und in Schwarz (Fb 1106), Rest
- Nadelspiel 2,0-2,5 m, 15 cm lang
- Styroporkugel, ø 6 cm
- Füllwatte oder Garnreste in Weiß zum Ausstopfen
- Fotokarton in Weiß
- Wollnadel
- 4 Stecknadeln

SCHÄFCHEN-ENGEL

HINWEIS: JE SCHAF WERDEN ETWA 9-10 G IN ROHWEISS UND 3-4 G IN EINER FB BENÖTIGT.

GRÖSSE

Durchmesser: ca. 6 cm

MASCHENPROBE

Glatt rechts mit Nd 2,0-2,5 mm
30 M und 42 Rd = 10 cm x 10 cm

HINWEIS: DAS ZÄHLMUSTER UND DIE VORLAGE FÜR DIE FLÜGEL FINDEST DU AUF SEITE 151.

GLATT RECHTS

In Rd alle M rechts str.

KÖRPER

6 M in Rohweiß anschl, gleichmäßig auf 3 Spielnd verteilen (= 2 M pro Nd) und zur Rd schließen. In Rohweiß und der gewünschten Fb nach dem Zählmuster str. Es sind alle Rd gezeichnet. Den gezeichneten Rapport 6x pro Rd str. Jeweils nach 2 Rd die Fb wechseln. Dabei nach der 31. Rd mit einer Wollnd den Anfangsfaden mit kleinen Vorstichen entlang der Anschlagkante führen und den Rand mit dem Fadenende zusammenziehen. Die Styroporkugel in die Hülle einlegen und nach dem Zählmuster weiterarb. Nach Abschluss des Zählmusters (nach der 38. Rd) noch 1 Rd in Rohweiß str, dabei fortlaufend 2 M rechts zusammenstr, dann den Faden abschneiden, durch die verbliebenen 6 M fädeln, zusammenziehen und vernähen.

BEINE (4x)

8 M in Rohweiß anschl und gleichmäßig auf 3 Spielnd verteilen (= 3-3-2- M pro Nd), dabei einen etwas längeren Anfangsfaden lassen zum Annähen lassen. Zur Rd schließen und 10 Rd glatt rechts str. Das Bein ausstopfen. Dann den Faden abschneiden und durch die M fädeln, zusammenziehen und vernähen.

OHREN (2x)

Wie die Beine arb, jedoch schon nach 5 Rd enden.

KOPF

1 M zunehmen= 1 M linksgeneigt aus dem Querfaden zunehmen (siehe Seite 140)
6 M in Rohweiß anschl und gleichmäßig auf 3 Spielnd verteilen (= 2 M pro Nd) und zur Rd schließen. Wie folgt arb:
1., 3. und 5. Rd: Glatt rechts str.
2. Rd: Nach jeder M 1 M zunehmen (= 12 M).
4. Rd: Nach jeder 2. M 1 M zunehmen (= 18 M).
6. Rd: Nach jeder 3. M 1 M zunehmen (= 24 M).
7.-20. Rd: Glatt rechts str.
21. Rd: Jede 3. und 4. M rechts zusammenstr (= 18 M).
22. Rd: Glatt rechts str, dabei beginnen, den Kopf auszustopfen.
23. Rd: Jede 2. und 3. M rechts zusammenstr (= 12 M).
24. Rd: Glatt rechts str.
25. Rd: Fortlaufend 2 M rechts zusammenstr (= 6 M).
Den Faden abschneiden, durch die M fädeln, zusammenziehen und vernähen.

FERTIGSTELLEN

Beine, Kopf und Ohren an den Körper nähen. Augen und Nase in Schwarz aufsticken. Nach der Vorlage aus Fotokarton zwei Flügel ausschneiden und mit Steck-Nd am Körper feststecken. Dabei als Aufhänger an der Kugel eine Schlinge aus einem Garnrest oder Paketschnur anbringen (siehe Foto).

HOME SWEET HOME

GRÖSSE

Breite: ca. 20 cm
Höhe (bis Dachspitze): ca. 22 cm

MASCHENPROBE

Kraus rechts mit Nd 3,5-4,0 mm
20 M und 34 R = 10 cm x 10 cm

KRAUS RECHTS

In Hin- und Rückr rechte M str.

HAUSMOTIV

Es werden keine zusätzlichen Rdm benötigt, alle M sind in den Angaben der Anleitung bzw. in der Strickschrift enthalten. Das Garn wird für die Küchentücher etwas fester als üblich verstrickt.
Motiv über 45 M. Nach der Strickschrift str. Die ungeraden R-Zahlen bezeichnen die Hinr, die geraden R-Zahlen die Rückr. Es sind die Hin- und Rückr gezeichnet. Die 1.-42. R 1x str.

HINWEIS: IN DEN HINR WERDEN ALLE M IMMER RECHTS GESTRICKT! DAS MUSTER ENTSTEHT IN DEN RÜCKR DURCH DEN WECHSEL VON RECHTEN UND LINKEN M.

ANLEITUNG

Für ein Haus 45 M in der gewünschten Fb anschl und in der folgenden Rückr alle M rechts str. Dann 1x die 1.-42. R der Strickschrift str, dabei für das „Dach" zu Beginn der 42. R 3 M aufstr (siehe Seite 141). Anschließend kraus rechts in R weiterarb, dabei für die gegenüberliegende „Dachseite" am R-Anfang der 43. R weitere 3 M aufstr. Diese je 3 neuen M kennzeichnen, dafür vor bzw. nach den 3 M je einen M-Markierer einsetzen.
Nun in jeder Hinr nach dem 1. M-Markierer (= nach den ersten 3 M) 2 M rechts überzogen zusammenstr und vor dem 2. M-Markierer (= vor den letzten 3 M) 2 M rechts zusammenstr (= in jeder Hinr 2 M abnehmen). Alle anderen M und Rückr rechts str.
Wenn nur noch 3 M zwischen den M-Markierer übrig sind, in der folgenden Hinr diese 3 M mit aufliegender Mittel-M zusammenstr (siehe Seite 139), M-Markierer entfernen. Die Rückr rechts str. In der folgenden Hinr 2 M rechts, 3 M mit aufliegender Mittel-M zusammenstr, 2 M rechts. Die Rückr rechts str. In der folgenden Hinr 1 M rechts, 3 M mit aufliegender Mittel-M zusammenstr, 1 M rechts. Die Rückr rechts str.
Für den Aufhänger über die restlichen 3 M mit den 2 Spielnd noch eine 8-9 cm lange Strickkordel wie folgt arb: Die 3 M rechts str, * dann die 3 M an das andere Nd-Ende schieben (nicht wenden), den Faden hinter den M mitführen und wieder die 3 M rechts str, ab * fortlaufend wdh, bis die gewünschte Länge erreicht ist. Die M abk. Die Kordel zum Ring schließen. Die Fäden vernähen.

19

MATERIAL

- Lana Grossa Organico (LL ca. 90 m/50 g) in Beige (Fb 100), Maisgelb (Fb 119) und Resedagrün (Fb 116), je 50 g (für ein Modell reichen etwa 35-40 g)
- Jacken- oder Rundstricknadel 3,5-4,0 mm
- 2 Nadelspielnadeln 3,5 mm (für den Kordelrand), 15 cm lang
- 2 Maschenmarkierer

STRICKSCHRIFT

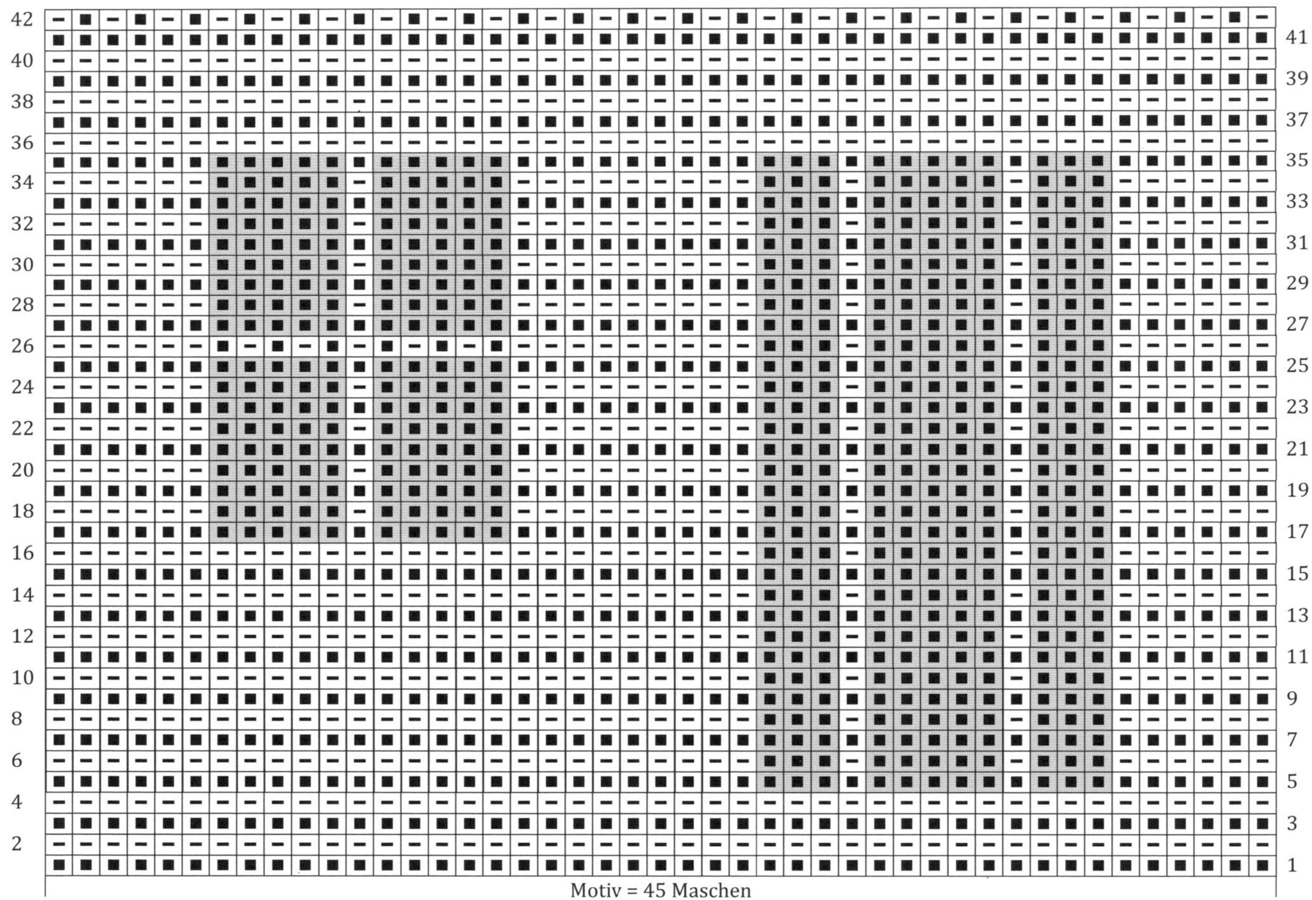

Legende

■ = In Hinreihen 1 Masche rechts, in Rückreihen 1 Masche links stricken

– = In Rückreihen 1 Masche rechts stricken

MERRY CHRISTMAS
... and a happy new year!

WÄRME SCHENKEN

GRÖSSE

Für Taschenhandwärmer, Inhalt ca. 0,3 l
Umfang: ca. 23-24 cm
Höhe: ca. 15 cm

MASCHENPROBE

Glatt rechts mit Nd 2,0-2,5 mm
30 M und 42 Rd = 10 cm x 10 cm

GLATT RECHTS

In Rd alle M rechts str.

BÜNDCHENMUSTER

M-Zahl teilbar durch 4.
2 M rechts, 2 M links im Wechsel str.

STRUKTURMUSTER „HIRSCH" (Türchen 16)

Muster über 30 M. In allen Rd nach der Strickschrift. Dabei umgekehrt arb, also mit der 54. Rd beginnen und 1x die 54.-2. Rd str.

ANLEITUNG

Der Bezug wird von unten nach oben gearbeitet.
68 M anschl, gleichmäßig auf 4 Spielnd verteilen (= 17 M je Nd) und zur Rd schließen, dabei den Rd-Beginn (= hintere Mitte des Bezugs) markieren.
Glatt rechts in Rd str. In 1-1,5 cm Höhe ab Anschlag über die mittleren 30 M 1x das Hirschmotiv von der 54.-2. Rd str, die restlichen M glatt rechts str. Anschließend glatt rechts über alle M weiterarb.
Gleichzeitig in 12 cm Höhe ab Anschlag mit den Abnahmen beginnen, dafür jeweils am Ende der 1. und 3. Nd die letzten 2 M rechts zusammenstr und die jeweils ersten 2 M der 2. und 4. Nd rechts überzogen zusammenstr (siehe Seite 139). Es werden 4 M abgenommen. Über die restlichen M der Rd wie gewohnt glatt rechts str bzw. ggf. das Hirschmotiv fortsetzen.
Diese Abnahmen noch 3x in jeder folgenden Rd wdh (= 52 M).
Nun über alle 52 M im Bündchenmuster in Rd weiterarb. Nach 6 cm im Rippenmuster alle M elastisch mit U abk (siehe Seite 142), sodass sich die Kante ausreichend dehnen lässt und über die Wärmflasche gezogen werden kann. Am Ende den Faden abschneiden und durch die letzte M ziehen.

FERTIGSTELLEN

Den Anschlagrand des Bezugs flach zusammennähen. Alle restlichen Fäden vernähen. Das Abschlussbündchen im Rippenmuster zur Hälfte nach außen umschlagen.

20

MATERIAL

- Lana Grossa Meilenweit 50 Cashmere (LL ca. 210 m/50 g) in Pastellblau (Fb 49), 50 g (es reichen ca. 18-20 g)
- Nadelspiel 2,0-2,5 mm, 15 cm lang

21

MATERIAL

- Meilenweit 50 (LL ca. 210 m/50 g) in Natur meliert (Fb 1102) und Feuerrot (Fb 1383), je 50 g, und in Rohweiß (Fb 1113), Rest
- Nadelspiel 2,5-3,0 mm

VARIANTE 1

- Häkelnadel 2,5 mm

VARIANTE 2

- farblich passendes Nähgarn
- Webband, 15 mm breit, 20 cm lang

KLEINE GABE

GRÖSSE

Die Angaben für Variante1 stehen vor, für Variante 2 nach dem Schrägstrich. Steht nur eine Angabe, gilt diese für beide Varianten.

VARIANTE 1 MIT KORDEL

Höhe: 14 cm
Umfang: 15 cm

VARIANTE 2 ZUM AUFHÄNGEN

Höhe: 11 cm
Umfang: 15 cm

MASCHENPROBE

Glatt rechts mit Nd 2,5-3,0 mm
34 M und 42 Rd = 10 cm x 10 cm

GLATT RECHTS

In Rd alle M rechts str.

JACQUARDMUSTER VARIANTE 1 UND 2

M-Zahl teilbar durch 4 M.
In allen Rd glatt rechts nach dem jeweiligen Zählmuster str. Den Rapport von jeweils 4 M fortlaufand wdh.

JACQUARDMUSTER VARIANTE 1

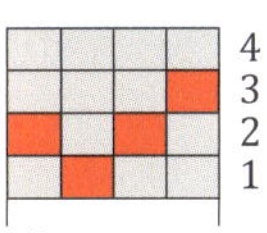

Rapport = 4 Maschen

Legende

= Natur meliert
= Feuerrot

JACQUARDMUSTER VARIANTE 2

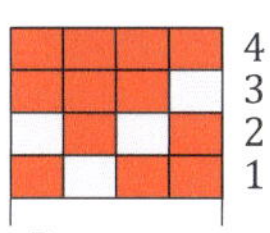

Rapport = 4 Maschen

Legende

= Feuerrot
= Rohweiß

ANLEITUNG

48 M in Natur meliert/Feuerrot anschl, gleichmäßig auf 4 Spielnd verteilen (= 12 M pro Nd) und zur Rd schließen. 8 Rd glatt rechts str. In der nächsten Rd für den Mäusezähnchenrand * 2 M rechts zusammenstr, 1 U arb, ab * fortlaufend wdh. Anschließend glatt rechts weiterstr.
Variante 1: 10 Rd glatt rechts arb. Anschließend für den Kordeldurchzug 1 Rd * 2 M rechts, 2 M rechts zusammenstr, ab * fortlaufend wdh. Danach 20 Rd glatt rechts str.
Variante 2: 20 Rd glatt rechts str.
Nun im Jacquardmuster Variante 1 in Natur meliert und Feuerrot bzw. Variante 2 in Feuerrot und Rohweiß weiterarb. Die 1.-4. Rd des Zählmusters 2x str. Den Faden in Feuerrot/Rohweiß abschneiden. 3 Rd in Natur meliert bzw. Feuerrot arb. Anschließend mit den Abnahmen für die **Bandspitze** beginnen. Die **Bandspitze** nach der Grundanleitung str (siehe Seite 147), dabei nach der 1. Abnahme in der 3., 6., 9, 11. und 13. Rd und anschließend in jeder Rd abnehmen.
Den Faden abschneiden und durch die letzte M ziehen.

FERTIGSTELLEN

Alle Fäden vernähen.
Die Kante umschlagen und unsichtbar festnähen.
Variante 1: Für die Kordel eine 35 cm lange Lm-Kette in Natur meliert arb und durch die Loch-Rd fädeln.
Variante 2: Die Enden eines 20 cm langen Webbands 1 cm einschlagen und mit der Hand an den Seiten des Beutels festnähen.

KUSCHELIGE ZEIT

GRÖSSE

36/37, 38/39, 40/41, 42/43
Fußlänge: 23,5/25/26,5/27,5 cm
Die Angaben für die einzelnen Größen stehen hintereinander, jeweils durch Schrägstriche getrennt. Steht nur eine Angabe, gilt diese für alle Größen.

MASCHENPROBE

Glatt rechts mit Nd 7,0 mm
13 M und 19 R = 10 cm x 10 cm

GLATT RECHTS

In Rd alle M rechts str.

AJOURMOTIV

Motiv über 9 M. In allen Rd nach der Strickschrift über die Mitte des Fußrückens str. Die 1.-7. Rd 1x arb.

STRICKSCHRIFT

■	■	■	○	∩	○	■	■	■	7
■	■	■	■	■	■	■	■	■	6
■	■	○	−	∩	−	○	■	■	5
■	■	■	■	■	■	■	■	■	4
■	○	−	−	∩	−	−	○	■	3
■	■	■	■	■	■	■	■	■	2
○	−	−	−	∩	−	−	−	○	1

Motiv = 9 Maschen

Legende

■ = 1 Masche rechts
− = 1 Masche links
○ = 1 Umschlag
∩ = 3 Maschen mit aufliegender Mittelmasche zusammenstricken: 2 Maschen gleichzeitig wie zum Rechtsstricken abheben, 1 Masche rechts stricken und die abgehobenen Maschen überziehen (siehe Seite 139)

22

MATERIAL

- Lana Grossa Mille II (LL 55 m/50 g) in Camel (Fb 53) oder in Weinrot (Fb 9), 100 g
- Nadelspiel 7,0 mm, 20 cm lang
- Häkelnadel 6,0 mm

ANLEITUNG

An der Fersenspitze beginnen. Der Rd-Beginn ist am Anfang in der Fersenmitte, im weiteren Verlauf ist der Rd-Beginn in der Mitte der Sohle.
8 M anschl, gleichmäßig auf 4 Spielnd verteilen (= 2 M je Nd) und zur Rd schließen. Glatt rechts str. Dabei 4x/4x/5x/5x in jeder 2. Rd nach der 1. M jeder Nd jeweils 1 M linksgeneigt aus dem Querfaden zunehmen (siehe Seite 140). Für Größe 38/39 und 42/43 in der folgenden 2. Rd nach der 1. M der 1. und 3. Nd jeweils noch 1 M ebenso zunehmen (= 24/26/28/30 M). Weitere 3 Rd str. Für das Einschlupfloch in der folgenden Rd die 6/7/7/8 M der 1. Nd und die 1. M der 2. Nd str, die folgenden 10/11/12/13 M locker abk, die letzte M der 3. Nd und die 6/6/7/7 M der 4. Nd str. Über den abgeketteten M in der folgenden Rd wieder 10/11/12/13 M aufschlingen oder aufstr (siehe Seite 141). 2 Rd glatt rechts str. Dabei in der 2. Rd für das Ajourmotiv die letzte M der 2. Nd mit der 1. M der 3. Nd rechts zusammenstr (= 23/25/27/29 M).
Auf der 1. und 4. Nd liegen für die Sohle jeweils 6/7/7/8 M, auf der 2. und 3. Nd liegen nun für den Oberfuß zusammen 11/11/13/13 M.

TIPP: DIE M DER 2. UND 3. ND VORÜBERGEHEND AUF EINE SPIELND LEGEN!

Nun in Rd weiterstr und dabei über die mittleren 9 M der 2. und 3. Nd das Ajourmotiv über 9 M 1x arb, die restlichen M glatt rechts str. Nach der 7. Rd des Motivs über alle M glatt rechts weiterarb, dabei die M wieder möglichst gleichmäßig auf 4 Nd verteilen.
In 19/20,5/21/22 cm Höhe ab Anschlag die Spitze weiter über alle M glatt rechts str, dabei in der ersten Rd 1x 2 M rechts zusammenstr (= 22/24/26/28 M nach der 1. Abnahme-Rd). Die M gleichmäßig auf die 4 Nd verteilen (= je 6/6/6/7 M auf der 1. und 4. Nd und je 5/6/7/7 auf der 2. und 3. Nd).
Für die **Bandspitze** in der folgenden Rd jeweils die letzten 2 M der 1. und 3. Nd rechts zusammenstr und die ersten 2 M der 2. und 4. Nd rechts überzogen zusammenstr (siehe Seite 139) (= 18/20/22/24 M). Die Abnahmen für die **Bandspitze** 1x in der folgenden 3. Rd und 2x/2x/3x/3x in jeder 2. Rd wdh (= 6/8/6/8 M). Den Endfaden durch die M ziehen, abschneiden und gut vernähen.
Den zweiten Hausschuh genauso arb.

FERTIGSTELLEN

Den Anschlagrand flach zusammennähen. Das Einschlupfloch mit Krebs-M (= fM von links nach rechts) umhäkeln. Die restlichen Fäden vernähen.

WEIHNACHTSROT

GRÖSSE
Breite: ca. 40-45 cm
Umfang: 120-125 cm

MASCHENPROBE
Im Strukturmuster mit Nd 4,5-5,0 mm doppelfädig (= 1 Faden Meilenweit Cashmere und 1 Faden Silkhair) etwa 20-21 M und 30 R = 10 cm x 10 cm

RANDMASCHEN
Die Ränder werden als Patentrand über die jeweils äußeren 3 M gearbeitet. Dafür in den Hinr die ersten und letzten 3 M wie folgt str: 1 M rechts, 1 M abheben, dabei den Faden vor der M weiterführen, 1 M rechts str. In den Rückr die ersten und letzten 3 M wie folgt str: 1 M abheben, dabei den Faden vor der M weiterführen, 1 M rechts str, 1 M abheben, dabei den Faden vor der M weiterführen.

STRUKTURMUSTER
M-Zahl teilbar durch 16 + 5 M + Rdm.

HINWEIS: DIE RDM SIND NICHT EINGEZEICHNET.

In allen R zwischen den Rdm nach der Strickschrift str. Den Rapport von 16 M fortlaufend wdh, mit den 5 M nach dem Rapport enden. Die 1.-22. R fortlaufend wdh.

HINWEIS: ES WIRD DOPPELFÄDIG GESTRICKT, MIT JE 1 FADEN MEILENWEIT CASHMERE UND 1 FADEN SILKHAIR.

STRICKSCHRIFT

Legende

■ = In Hinreihen 1 Masche rechts, in Rückreihen 1 Masche links stricken

– = In Hinreihen 1 Masche links, in Rückreihen 1 Masche rechts stricken

23

MATERIAL

- Lana Grossa Meilenweit 50 Cashmere (LL ca. 210 m/50 g) in Rot (Fb 06), 200 g
- Lana Grossa Silkhair (LL ca. 210 m/25 g) in Kirschrot (Fb 08), 100 g
- Rundstricknadel 4,5-5,0 mm
- evtl. Maschenmarkierer

ANLEITUNG

Der Loop wird quer gestrickt.
91 M anschl und zwischen den Rdm im Strukturmuster str, also in folgender M-Einteilung arb:
3 M Patentrand, 5x den Rapport von 16 M, enden mit 5 M wie gezeichnet, 3 M Patentrand.
In 120-125 cm Höhe nach einer 22. R des Strukturmuster enden. Alle M abk oder stilllegen (siehe Tipp).

FERTIGSTELLEN

Die Anschlag- und die Abkettkante zusammennähen, sodass ein Ring entsteht. Alle Fäden vernähen.

MEIN TIPP: EINE BESONDERS FLACHE NAHT ENTSTEHT, WENN DU DIE MASCHEN NICHT ABKETTEST, SONDERN IM MASCHENSTICH DIREKT MIT DER ABKETTKANTE VERBINDEST.

WARTEN AUF WEIHNACHTEN ④

WIR WÜNSCHEN DIR EIN SCHÖNES WEIHNACHTSFEST UND GANZ VIEL SPASS BEIM BEENDEN DEINES MUSTERSCHALS MIT ZWEI WEITEREN MUSTERN.
DIE MATERIALANGABE SAGT DIR, MIT WELCHEN FARBEN GESTRICKT WIRD.

JACQUARDMUSTER D UND E

M-Zahl teilbar durch 6 und 10.
In allen Rd glatt rechts nach dem jeweiligen Zählmuster str. Den Rapport von 6 bzw. 10 M fortlaufend wdh.

JACQUARDMUSTER D

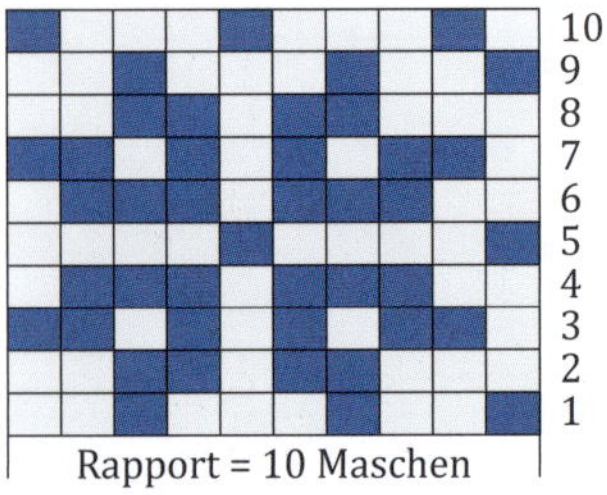

JACQUARDMUSTER E

Legende

- = Rohweiß
- = Jeansblau
- = Rostbraun

BÜNDCHENMUSTER

4 M rechts, 2 M links im Wechsel str.

ANLEITUNG

Im Jacquardmuster D in Rohweiß und Jeansblau weiterarb. Die 1.-10 Rd des Zählmusters 11x und die 1.-9. Rd 1x str. Den Faden in Jeansblau abschneiden und 3 Rd in Rohweiß str. Nun im Jacquardmuster E in Rohweiß und Rostbraun weiterarb. Die 1.-17. Rd des Zählmusters 6x str., dann noch 1x die 1.-16. Rd str. 3 Rd in Rohweiß str. Anschließend beide Fäden abschneiden. Den Schal in Terrakotta beenden. 1 Rd glatt rechts, danach 40 Rd im Bündchenmuster arb. Die M abk, wie sie erscheinen.

TIPP: MIT JACQUARDMUSTER D UND E KANNST DU AUCH ZWEI WEITERE RAHMEN ARBEITEN (SIEHE TÜRCHEN 9):

Rahmen 4: 80 Maschen anschlagen. Nach Anleitung beginnen. Dann im Jacquardmuster D in Rohweiß und Terrakotta weiterarbeiten. Die 1.-10. Runde des Zählmusters 3x stricken.
Rahmen 5: 78 Maschen anschlagen. Nach Anleitung beginnen. Dann im Jacquardmuster E in Rohweiß und Rostbraun weiterarbeiten. Die 1.-17. Runde des Zählmusters 3x stricken.

24

MATERIAL

- Lana Grossa Cool Wool 4 Socks (LL ca. 420 m/100 g) in Rohweiß (Fb 7710), Terrakotta (Fb 7714), Jeansblau (Fb 7704) und Rostbraun (Fb7712)

GRUNDANLEITUNG

KREUZANSCHLAG

Mit dem einfachen Kreuzanschlag erhält man eine Anschlagkante mit mittlerer Dehnbarkeit.

1 Für den Übergang von der 1. Masche zum Kreuzanschlag Grundschlinge oder Knotenschlinge mit dem Zeigefinger der rechten Hand auf der Arbeitsnadel fixieren. Daumen und Zeigefinger der linken Hand spreizen. Das Fadenende über den Daumen und den Arbeitsfaden über den Zeigefinger legen und mit den übrigen Fingern der linken Hand fassen und spannen.

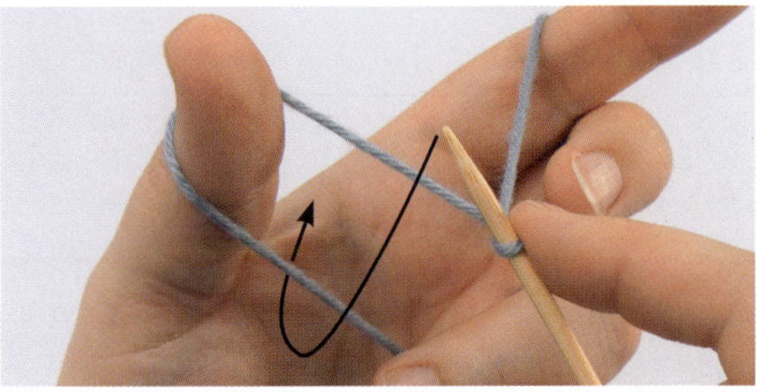

2 Den Daumen anheben und die Arbeitsnadel vor dem Daumen nach unten ziehen, bis sich die Daumenfäden vorne überkreuzen (Daumenkreuz). Mit der Nadelspitze unter dem äußeren Daumenfaden durchstechen und in Pfeilrichtung von rechts nach links hinter dem Zeigefingerfaden herumführen.

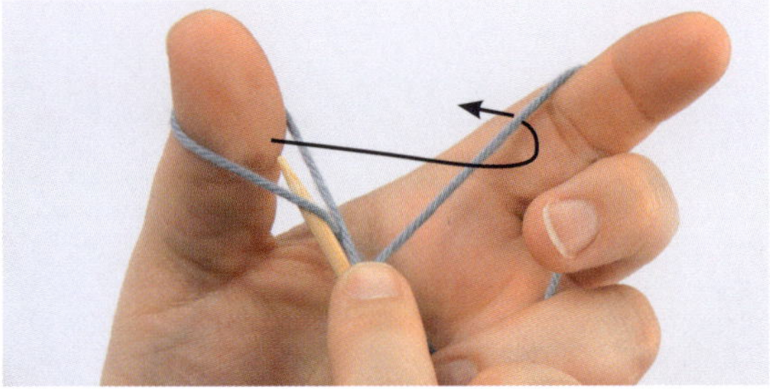

3 Den Zeigefingerfaden mit der Nadel erfassen und in Pfeilrichtung durch die Daumenschlinge ziehen. Die Schlinge vom Daumen gleiten lassen und das Fadenende mit dem Daumen anziehen, bis sich die Masche auf der Arbeitsnadel bildet. Daumen anheben, Nadel senken. Die Arbeitsschritte so oft wiederholen, bis sich die gewünschte Anzahl Maschen auf der Nadel befindet.

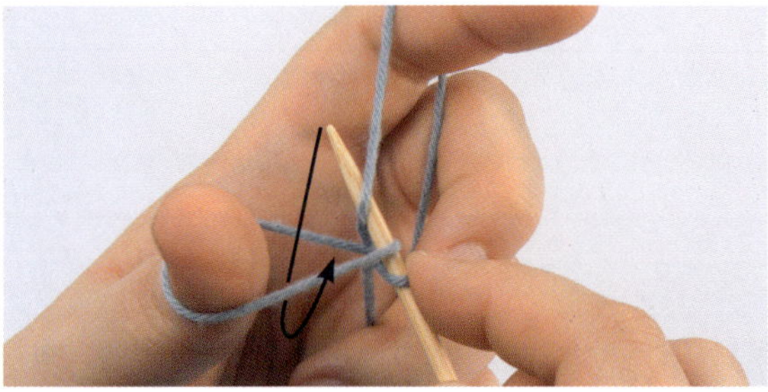

KETTMASCHE

1 In die entsprechende Masche der Vorrunde oder am Rundenbeginn von vorne einstechen, den Faden von hinten nach vorne holen.

2 Den Faden dann gleich durch die Schlaufe auf der Häkelnadel ziehen. Die Kettmasche ist eine sehr flache, unauffällige Masche. Sie wird häufig zum Schließen der Runde und zum Anschlingen, als besonders flache Masche verwendet oder auch, um Häkelteile zu verbinden.

KREBSMASCHEN

Rückwärts gehäkelte feste Maschen, dafür jeweils hinter der vorhergehenden Masche einstechen und wie gewohnt 1 feste Masche häkeln.

UMSCHLAG

Für einen Umschlag den Arbeitsfaden von hinten nach vorne über die rechte Nadel legen. Wird der Umschlag in der nächsten Reihe einfach abgestrickt, entsteht im Maschenbild ein Loch. Bei einem verschränkten Abstricken entsteht eine unauffälligere Fadenschlinge.

MASCHEN ABNEHMEN

Abahmen in einem Strickstück verringern die Maschenzahl und helfen so dem Gestrick eine Form zu geben. Dabei ist es wichtig, die Neigung der abzunehmenden Maschen im Blick zu behalten. Wenn zwei Maschen rechs zusammengestrickt werden, erhält die Abnahme eine Rechtsneigung. Wenn zwei Maschen rechts überzogen zusammengestrickt werden erhält die Abnahme eine Linksneigung. Werden 3 Maschen mit aufliegender Mittelmasche zusammengestrickt erhält man eine Nahtlinie.

2 MASCHEN RECHTS ZUSAMMENSTRICKEN

1 Für eine einfache Abnahme mit der Arbeitsnadel in 2 Maschen gleichzeitig einstechen.

2 Den Arbeitsfaden holen und durch beide Maschen ziehen. Die abgestrickten Maschen von der Nadel gleiten lassen.

3 Die Abnahme erscheint nach rechts geneigt.

2 MASCHEN RECHTS ÜBERZOGEN ZUSAMMENSTRICKEN

1 Die 1. Masche wie zum Rechtsstricken abheben.

2 Die folgende Masche rechts stricken.

3 Mit der linken Nadel von links in die abgehobene Masche einstechen, diese über die 2. Masche und die Nadelspitze ziehen und von der linken Nadel gleiten lassen.

4 Die Abnahme erscheint nach links geneigt.

3 MASCHEN MIT AUFLIEGENDER MITTELMASCHE ZUSAMMENSTRICKEN

Für eine doppelte Abnahme mit aufliegender Mittelmasche 2 Maschen gleichzeitig wie zum Rechtsstricken abheben. Dadurch liegen sie nicht nur mit dem anderen Maschenschenkel vorne, sondern haben auch noch ihre Plätze getauscht. 1 Masche rechts stricken und die beiden abgehobenen Maschen wie beim Abketten über Masche und Nadel heben.

MASCHEN ZUNEHMEN

Durch Zunahmen in einem Strickstück erhöht sich die Maschenzahl auf den Nadeln und der Umfang des Gestricks erhöht sich. Auch hierbei sollte man für eine besonders schöne Optik die Neigung der dabei entstehenden Zunahme beachten, da diese durchaus sichtbar sein kann.

ZUNAHME AUS DEM QUERFADEN

Für diese Zunahmen wird der Querfaden zwischen zwei Maschen der Vorreihe/-runde hochgezogen.

RECHTSGENEIGTE ZUNAHME

Diese Zunahme neigt sich im Maschenbild nach rechts.

1 Mit der rechten Nadelspitze von vorne nach hinten unter dem Querfaden der Vorreihe/-runde einstechen.

2 Den Querfaden auf die linke Nadel heben und aus dieser Schlinge 1 Masche rechts herausstricken (also von links nach rechts in den vorderen Maschenschenkel einstechen und den Faden holen).

LINKSGENEIGTE ZUNAHME

Diese Zunahme neigt sich im Maschenbild nach links.

1 Mit der rechten Nadelspitze von hinten nach vorne unter dem Querfaden der Vorreihe/-runde einstechen.

2 Den Querfaden auf die linke Nadel heben und aus dieser Schlinge 1 Masche rechts verschränkt herausstricken (also von rechts nach links in den hinteren Maschenschenkel einstechen und den Faden holen).

MASCHEN AUFSTRICKEN

Diese Zunahmen werden immer am rechten Rand des Strickstücks gemacht, ggf. das Strickstück wenden, sodass Arbeitsfaden und 1. Masche in der Ausgangsposition (= linke Nadel, 1. Masche am rechten Rand) liegen.

1 Den Arbeitsfaden hinter die Nadel legen. * Mit der rechten Nadel in die 1. Masche wie zum Rechtsstricken einstechen und eine Schlinge bilden, die Schlinge und die M dabei nicht von den Nd gleiten lassen.

2 Mit der linken Nadelspitze von vorne nach hinten in die Schlinge auf der rechten Nadel einstechen und diese als neue Masche auf die linke Nd nehmen. Ab * so oft wiederholen, bis die gewünschte Maschenzahl erreicht ist, für jede neue Masche dabei in die zuletzt gebildete Masche einstechen.

AUFSCHLINGEN

Diese Zunahmen werden immer am linken Rand des Strickstücks gemacht.

1 Die Stricknadel in der rechten Hand halten. Der Arbeitsfaden wird von vorne nach hinten über den linken Daumen geführt.

2 Die Nadel von vorne unter dem vorderen Faden durchführen.

3 Den Daumen aus der Schlinge ziehen, die neue Masche auf der Nadel anziehen.

MASCHEN ABKETTEN

Ein schöner Abschluss ist das Tüpfelchen auf dem i eines jeden Strickstücks. Er bildet nicht nur den optischen Rahmen, sondern kann auch darüber entscheiden, ob ein Projekt gut sitzt. Hier sind drei mögliche Varianten für einen ansprechenden Abschluss eines Modells.

ELASTISCHES ABKETTEN MIT UMSCHLAG

1 Einen inversen Umschlag (= der Umschlag wird von hinten nach vorne über die Nadel gelegt) auf die rechte Nadel nehmen.

2 Nun 1 Masche rechts stricken, dann den Umschlag mit der linken Nadelspitze über die gestrickte Masche heben und damit abketten.

3 * 1 inversen Umschlag auf die rechte Nadel nehmen, 1 Masche rechts stricken, dann den Umschlag und die zuvor abgekettete Masche mit der linken Nadelspitze gemeinsam über die zuletzt gestrickte Masche heben und damit abketten.

4 Ab * fortlaufend wiederholen, bis alle Maschen der Kante abgekettet sind. Am Ende den Faden abschneiden und durch die letzte Masche ziehen.

JACQUARDTECHNIK

Das Stricken von Jacquardmustern erfordert ein bisschen Übung und Geduld, aber es lohnt sich. Mit dieser Technik können wunderschöne bunte, individuelle Socken und Accessoires gestrickt werden.

FADENSPANNUNG

Jacquardmuster werden mit mindestens 2 Farben pro Runde gearbeitet. Während mit einem Faden nach dem entsprechenden Zählmuster gestrickt wird, läuft der andere Faden auf der Rückseite mit. Dabei ist auf eine gleichmäßige Fadenspannung zu achten.

Wird der Faden zu fest gespannt, zieht sich das Muster zusammen. Dann kann es hilfreich sein, die Maschen vor dem Farbwechsel ein bisschen auseinanderzuziehen oder mit einer dickeren Nadel zu stricken.

Ist der Faden zu locker, wird das Strickbild nicht gleichmäßig und es können Lücken zwischen den Maschen der einzelnen Farben entstehen. In diesem Fall kann es sinnvoll sein, mit dünneren Nadeln zu stricken.

Beim Stricken mit einem Nadelspiel, zwei Rundstricknadeln oder dem addiCrasyTrio ist beim Wechsel von einer Nadel zur anderen auf die Fadenspannung zu achten. An dieser Stelle den Faden etwas fester anziehen. So werden sogenannte Gässchen vermieden und der Übergang ist bei dem fertigen Strickstück nicht sichtbar.

Wenn der mitlaufende Faden über mehr als 3 Maschen mitgeführt wird, muss er nach 2 oder 3 Maschen eingewebt werden. In der nächsten Runde darauf achten, dass der Faden nicht an der gleichen Stelle eingewebt wird. Ruht eine Farbe einige Runden, so muss dieser Faden nach der 3. oder 4. Runde mit dem Arbeitsfaden verschränkt werden, damit keine Schlaufen auf der Rückseite der Arbeit entstehen, an der man beim An- und Ausziehen hängen bleiben kann. Auch hier darauf achten, dass der Faden nicht zu fest nach oben gezogen wird.

FADENHALTUNG

Es gibt verschiedene Möglichkeiten, die Fäden zu halten. Bei mir liegen beide Fäden auf dem linken Zeigefinger. Für die Fadenspannung wird der vordere Faden vor dem Mittelfinger und der hintere Faden hinter dem Mittelfinger entlanggeführt, beide Fäden werden mit dem Ringfinger und kleinen Finger der gleichen Hand fixiert.

Bei einem Linkshänder liegen die Fäden auf dem rechten Zeigefinger.

Es ist wichtig, dass immer die gleiche Farbe vorne liegt, da ein Wechsel deutlich sichtbar ist und das Muster sehr unruhig wirken kann.

1 Der weiße Faden liegt vor dem roten.

2 Der rote Faden liegt vor dem weißen.

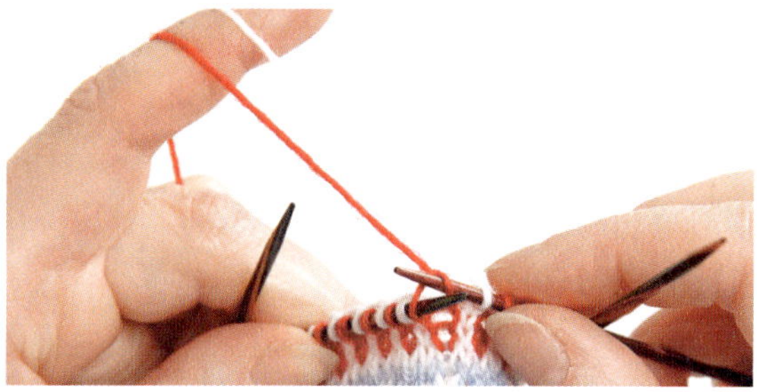

Hinweis: Als Hilfsmittel kann ein sogenannter Fadenfingerring oder Strickfingerhut verwendet werden. Die Ringe werden auf den Zeigefinger gesetzt. Die Fäden werden durch die kleinen Ösen geführt, sodass sie nicht verrutschen und sich verheddern können.

ZOPFMUSTER

Als Beispiel dient ein Zopf über 6 Maschen glatt rechts auf einem glatt links gestrickten Grund, ein rechter Zopfstreifen wird nach links gedreht, der andere nach rechts.
Wenn der Zopf nach links dreht oder wandert (= Zopf rechts im Bild), werden die Maschen auf der Hilfsnadel vor die Arbeit gelegt. Wenn der Zopf nach rechts dreht oder wandert (= Zopf links im Bild), werden die Maschen auf der Hilfsnadel hinter die Arbeit gelegt.

ZOPF ÜBER 6 MASCHEN NACH LINKS KREUZEN ODER VERZOPFEN

 = 3 Maschen auf einer Hilfsnadel vor die Arbeit legen, 3 Maschen rechts stricken, dann die Maschen der Hilfsnadel rechts stricken

1 Die ersten 3 Maschen werden ungestrickt auf die Hilfsnadel vor dem Strickstück abgelegt, dafür die Maschen mit der Hilfsnadel von der linken Nadel wie zum Linksstricken abheben und zur Mitte der Hilfsnadel schieben, die Hilfsnadel vorne hängen lassen.

2 Den Arbeitsfaden hinter der Arbeit zur nächsten Masche führen und die folgenden 3 Maschen wie gewohnt rechts stricken, dabei darauf achten das der Arbeitsfaden gut angezogen wird, sodass keine Lücke entsteht.

3 Nun die Maschen auf der Hilfsnadel an das rechte Nadelende schieben, diese Nadelspitze an die Nadelspitze der rechten Nadel führen und dann die 3 Maschen der Hilfsnadel wie beschrieben rechts stricken.

ZOPF ÜBER 6 MASCHEN NACH RECHTS KREUZEN ODER VERZOPFEN

 = 3 Maschen auf einer Hilfsnadel hinter die Arbeit legen, 3 Maschen rechts stricken, dann die Maschen der Hilfsnadel rechts stricken

1 Die ersten 3 Maschen werden ungestrickt auf die Hilfsnadel hinter dem Strickstück abgelegt, dafür die Maschen mit der Hilfsnadel von der linken Nadel wie zum Linksstricken abheben und zur Mitte der Hilfsnadel schieben, die Hilfsnadel nun hinten hängen lassen.

2 Den Arbeitsfaden zur nächsten Masche führen, darauf achten, dass die Maschen der Hilfsnadel hinter dem Arbeitsfaden liegen. Nun die folgenden 3 Maschen wie gewohnt rechts stricken, den Arbeitsfaden dabei gut anziehen, sodass keine Lücke entsteht.

3 Nun die Maschen auf der Hilfsnadel an das rechte Nadelende schieben, diese Nadelspitze an die Nadelspitze der rechten Nadel führen und die 3 Maschen der Hilfsnadel wie beschrieben rechts stricken.

DIE BASICS ZUM SOCKENSTRICKEN

BUMERANGFERSE

Die Bumerangferse wird in verkürzten Reihen mit Doppelmaschen gestrickt (siehe Seite 150). Die Bumerangferse glatt rechts über die Maschen der 4. und 1. Nadel stricken. Dafür alle Maschen auf einer Nadel zusammenfassen und gedanklich oder mithilfe von Maschenmarkierern in 3 Teile teilen (siehe Tabelle Seite 148 bzw. 149). Beim ersten (oberen) Teil der Ferse werden die Doppelmaschen nicht mitgestrickt.

1. Reihe (Hinreihe): Alle Maschen rechts stricken, wenden.

2. Reihe (Rückreihe): 1 Doppelmasche arbeiten, alle weiteren Maschen links stricken, wenden.

3. Reihe (Hinreihe): 1 Doppelmasche arbeiten, alle Maschen bis zur Doppelmasche rechts stricken, wenden.

4. Reihe (Rückreihe): 1 Doppelmasche arbeiten, alle Maschen bis zur Doppelmasche links stricken, wenden. Die 3. und 4. Reihe so oft wiederholen, bis 1/3 Doppelmaschen, 1/3 einfache Maschen, 1/3 Doppelmaschen gestrickt sind.

Anschließend 2 Runden rechte Maschen über alle Maschen der 4 Nadeln stricken. Dabei werden in der 1. Runde die Doppelmaschen jeweils als 1 Masche rechts abgestrickt.

Danach den zweiten (unteren) Teil der Ferse über die Maschen der 4. und 1. Nadel stricken.

1. Reihe (Hinreihe): Die Maschen des mittleren Drittels und die 1. Masche des linken Drittels rechts stricken, wenden.

2. Reihe (Rückreihe): Eine Doppelmasche arbeiten, die Maschen des mittleren Drittels und die 1. Masche des rechten Drittels links stricken, wenden.

3. Reihe (Hinreihe): 1 Doppelmasche arbeiten, alle Maschen einschließlich der Doppelmasche und 1 weiteren Masche rechts stricken, wenden.
4. Reihe (Rückreihe): Eine Doppelmasche arbeiten, alle einschließlich der Doppelmasche und einer weiteren Masche links stricken, wenden.
Die 3. und 4. Reihe so oft wiederholen, bis die beiden äußeren Maschen als Doppelmaschen auf der Nadel liegen. Die Maschen der Ferse wieder gleichmäßig auf 2 Spielnadeln verteilen und in der nächsten Runde die Doppelmaschen jeweils als 1 Masche rechts abstricken.

Tipp: Zwischen der 1. und 2. bzw. 3. und 4. Nadel entstehen bei dieser Ferse oft kleine Löcher. Das liegt daran, dass die Fadenspannung zwischen Fersenmaschen und der ersten bzw. letzten Masche des Oberfußes nicht so fest ist. Mithilfe eines kleinen Tricks können diese Löcher vermieden werden. Nach dem ersten Teil der Ferse, wenn 2 Runden über alle 4 Nadeln glatt rechts gestrickt werden, wie folgt arbeiten: Nachdem die Maschen der 1. Nadel rechts abgestrickt wurden, einen Maschenmarkierer setzen und die ersten 2 Maschen der 2. Nadel mit der gleichen Nadel abstricken. Die Maschen der 2. Nadel wie gewohnt stricken. Anschließend die Maschen der 3. Nadel bis auf die letzten 2 Maschen stricken. Diese beiden Maschen auf die 4. Nadel schieben. Die 4. Nadel abstricken und nach den beiden zusätzlichen Maschen einen Maschenmarkierer setzen. Den zweiten Teil der Ferse nach Anleitung stricken, jedoch die beiden zusätzlichen Maschen vor bzw. nach dem Maschenmarkierer nicht als Doppelmaschen abstricken. Die zusätzlichen Maschen nach dem Beenden der Ferse noch ein paar Runden auf der 1. bzw. 4. Nadel liegen lassen. Danach werden sie wieder auf ihre ursprünglichen Nadeln zurückgehoben.

BANDSPITZE

Für die Bandspitze bei der 1. und 3. Nadel bis 3 Maschen vor Ende der Nadel stricken, dann 2 Maschen rechts zusammenstricken und die letzte Masche rechts stricken. Bei der 2. und 4. Nadel die 1. Masche rechts stricken und die beiden folgenden Maschen rechts überzogen zusammenstricken. Diese Abnahmen wie in der Tabelle (siehe Seite 148 bzw. 149) angegeben wiederholen, bis noch 8 Maschen übrig sind. Den Endfaden mit einer Sticknadel ohne Spitze zweimal durch die 8 Maschen ziehen und vernähen.

GRÖSSENTABELLE FÜR 4-FÄDIGES GARN (SPEZIELL FÜR JACQUARDMUSTER)

Lauflänge 200-210 m/50 g bzw. 400 m/100 g

Größe	36/37	38/39	40/41	42/43	44/45	46/47
Anschlag/ Maschen je Nadel	64/16	64/16	68/17	68/17	72/18	76/19
Maschenzahl für Fersenbreite	32	32	34	34	36	38
Maschenzahl Bumerangferse	10/12/10	10/12/10	11/12/11	11/12/11	12/12/12	12/14/12
Abnahmen für die Bandspitze nach der 1. Abnahme in der 4. Runde	1x	1x	1x	1x	1x	1x
In jeder 3. Runde	2x	2x	2x	2x	2x	2x
In jeder 2. Runde	3x	3x	4x	4x	4x	5x
In jeder Runde	7x	7x	7x	7x	8x	8x

GRÖSSENTABELLE FÜR 4-FÄDIGES GARN

Lauflänge 200-210 m/50 g bzw. 400 m/100 g

Größe	36/37	38/39	40/41	42/43	44/45	46/47
Anschlag/ Maschen je Nadel	60/15	60/15	64/16	64/16	68/17	72/18
Maschenzahl für Fersenbreite	30	30	32	32	34	36
Maschenzahl Bumerangferse	10/10/10	10/10/10	10/12/10	10/12/10	11/12/11	12/12/12
Abnahmen für die Bandspitze nach der 1. Abnahme in der 4. Runde	1x	1x	1x	1x	1x	1x
In jeder 3. Runde	2x	2x	2x	2x	2x	2x
In jeder 2. Runde	3x	3x	3x	3x	4x	4x
In jeder Runde	6x	6x	7x	7x	7x	8x

GRÖSSENTABELLE FÜR 6-FÄDIGES GARN

Lauflänge 125-130 m/50 g

Größe	36/37	38/39	40/41	42/43	44/45	46/47
Anschlag/ Maschen je Nadel	48/12	48/12	52/13	52/13	56/14	56/14
Maschenzahl für Fersenbreite	24	24	26	26	28	28
Maschenzahl Bumerangferse	8/8/8	8/8/8	8/10/8	8/10/8	9/10/9	9/10/9
Abnahme für Bandspitze nach 'der 1. Abnahme in der 4. Runde	1x	1x	1x	1x	1x	1x
In jeder 2. Runde	4x	4x	4x	4x	4x	4x
In jeder Runde	4x	4x	5x	5x	6x	6x

ABKÜRZUNGEN

abk = abketten
anschl = anschlagen
arb = arbeiten
Dm = Doppelmasche(n)
Fb = Farbe(n)
fM = feste Masche(n)
Häkelnd = Häkelnadel
Hilfsnd = Hilfsnadel
Hinr = Hinreihe(n)
Km = Kettmasche(n)
Lm = Luftmasche(n)
LL = Lauflänge
M = Masche(n)
Nd = Nadel(n)
Ndspiel = Nadelspiel
R = Reihe(n)
Rd = Runde(n)
Rdm = Randmaschen(n)
Rückr = Rückreihe(n)
Rundstricknd = Rundstricknadel(n)
Spielnd = Spielnadel(n)
str = stricken
U = Umschlag/Umschläge
wdh = wiederholen
Wollnd = Wollnadel

DOPPELMASCHEN

1 Sowohl nach Hinreihen als auch nach Rückreihen das Strickstück wenden und den Faden vor die Arbeit legen. Die erste Masche abheben und dabei den Faden fest nach hinten ziehen.

2 Die Masche wird über die Nadel gezogen ...

3 und liegt doppelt.

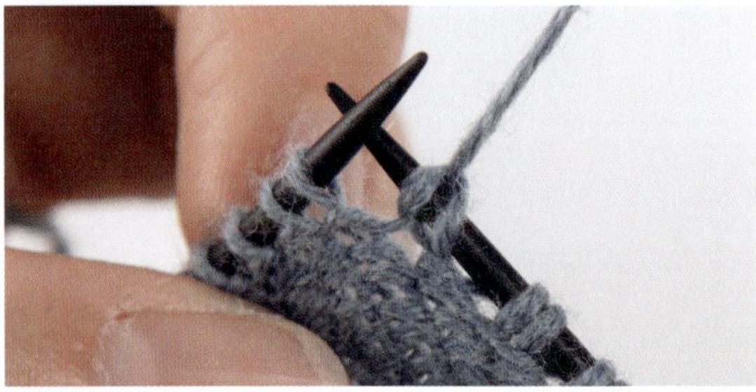

HEBEMASCHEN

Beim Abheben einer Masche lässt sich ihre Orientierung auf der Nadel drehen, sodass sich nicht wie üblich der rechte Maschenschenkel vor der Nadel befindet, sondern der linke. Beim Musterstricken werden mit abgehobenen Maschen schöne Effekte erzielt.
Um eine Masche abzuheben, wird sie ungestrickt von der linken auf die rechte Nadel gehoben. Dazu entweder mit der Arbeitsnadel wie zum Linksstricken oder wie zum Rechtsstricken in die Masche einstechen. Auch macht es einen Unterschied, ob sich der Arbeitsfaden vor der Arbeit befindet oder auf der Rückseite.

EINE MASCHE WIE ZUM LINKSSTRICKEN ABHEBEN

Das Abheben einer Masche wie zum Linksstricken mit dem Arbeitsfaden hinten ist die einfachste Art, eine Masche von der linken auf die rechte Nadel wandern zu lassen. In Anleitungen lautet die Anweisung dafür meist nur: „1 Masche abheben".
Der Arbeitsfaden legt sich als kurzer Spannfaden hinter die Masche, die im Maschenbild in der Höhe über 2 Reihen erscheint.
Die rechte Nadel von rechts nach links in die Masche einstechen, als wolle man sie links abstricken, und von der rechten Nadel abheben. Damit ist die Masche mit ihrer ursprünglichen Orientierung von der linken Nadel auf die Arbeitsnadel gewandert, ohne dabei gestrickt worden zu sein. Auf der Rückseite der Arbeit liegt ein kleiner Spannfaden hinter der Masche.

TÜRCHEN 11

Legende

■ = 1 Masche rechts

− = 1 Masche links

[Zopfsymbol] = 1 Masche auf einer Hilfsnadel hinter die Arbeit legen, 2 Maschen rechts stricken, dann die Masche der Hilfsnadel links stricken

[Zopfsymbol] = 1 Masche auf einer Hilfsnadel hinter die Arbeit legen, 2 Maschen rechts stricken, dann die Masche der Hilfsnadel rechts stricken

☐ = keine Masche, dient der besseren Übersicht

◿ = 2 Maschen links zusammenstricken

ZOPFRIPPENMUSTER

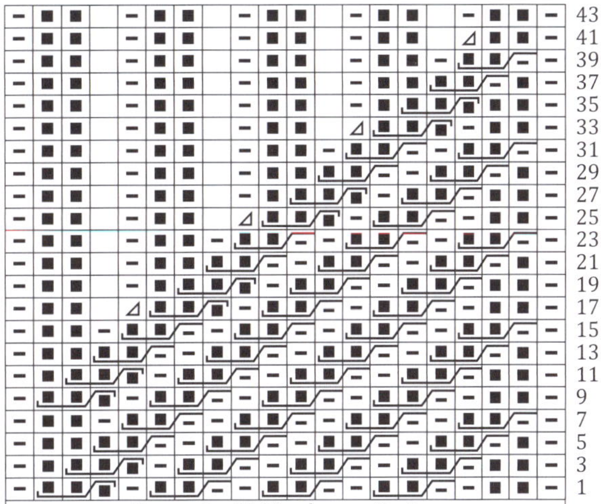

Rapport = 20 Maschen zu Beginn

TÜRCHEN 18

Legende

■ = 1 Masche rechts in der entsprechenden Farbe

☐ = keine Masche, dient nur der besseren Übersicht

◢ = in der entsprechenden Farbe 2 Maschen rechts zusammenstricken

◣ = in der entsprechenden Farbe 2 Maschen rechts überzogen zusammenstricken

+ = in der entsprechenden Farbe 1 Masche linksgeneigt aus dem Querfaden zunehmen

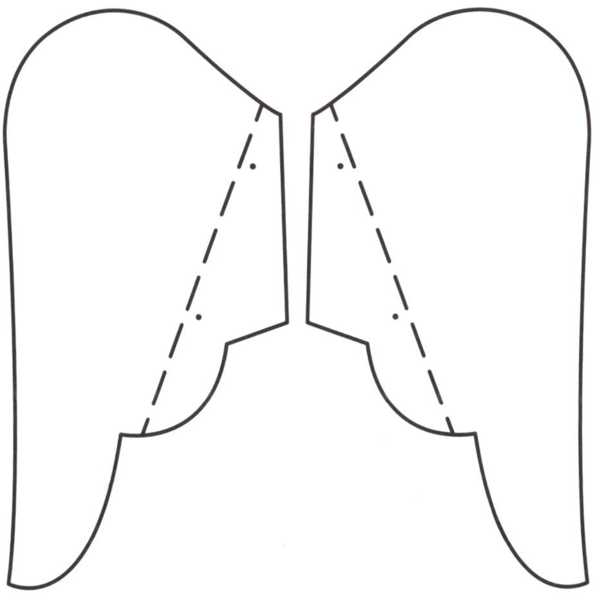

ZÄHLMUSTER

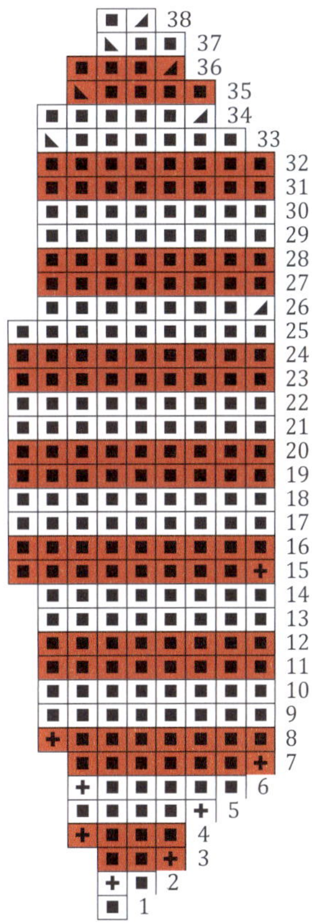

DANKE!

So ein Buch macht man ja nicht allein … Da sind viele helfende Hände mit dabei! Wir freuen uns sehr, dass es uns auch diesmal wieder gelungen ist, einen Teil des Teams mit auf ein Foto zu bringen!

Hier im Bild ist neben uns das Produktionsteam zu sehen, in der hinteren Reihe (von links nach rechts): Birgit Vahrenholt (Haare und Make-up), Olaf Szczepaniak (Fotograf), Beate Brückner (Styling). In der vorderen Reihe zwischen uns Ute Wilckens (Styling) und Rieke Balke (unser Model).

Außerdem müssen die Modelle natürlich gestrickt und die Anleitungen getestet werden: ein dickes Dankeschön geht hier an Sandra Antemann, Ute Fehse-Klüttermann, Jane Hinz, Katja Mahrt, Daniela Schick, Judy Schütz, Manuela Söhngen, Angela Voigt und Svenja Wimmer-Lanz. Und natürlich an die Firma Lana Grossa für die großzügige Bereitstellung der Garne und Stricknadeln, die in diesem Buch verwendet wurden.

LIEBER WEIHNACHTSMANN, DAS WEIHNACHTSFEST STEHT JA KURZ VOR DER TÜR UND KLEINE UND GROSSE STRICKER:INNEN KÖNNEN IHRE WÜNSCHE BEI DIR LOSWERDEN. DA HABE ICH GEDACHT, ICH SCHREIBE DIR AUCH EINMAL EINEN BRIEF UND, WER WEISS, VIELLEICHT HAST DU JA ZEIT, MIR AUCH NOCH DEN EINEN ODER ANDEREN WUNSCH ZU ERFÜLLEN?

UM SICHERZUGEHEN, DASS DU MICH AUCH NICHT VERWECHSELST, FANGEN WIR AM BESTEN NOCH EINMAL GANZ VON VORNE AN:

ICH HEISSE …
Kerstin

ZUHAUSE BIN ICH IM SCHÖNEN …
Schleswig-Holstein

WENN DU GENAU WISSEN WILLST, WAS ICH MACHE, KANNST DU ONLINE HIER NACHSEHEN …
Stineundstitch.de

MEINEN LETZTEN WUNSCHZETTEL AN DICH HABE ICH GESCHRIEBEN, DA WAR ICH ca. 10 JAHRE ALT UND ICH HABE MIR FOLGENDES GEWÜNSCHT …
Irgendetwas von Lego

DIE ADVENTSZEIT IST FÜR MICH DIE SCHÖNSTE ZEIT, WEIL …
Ich alle Socken stricken und viele Pakete packen darf

AM LIEBSTEN STRICKE ICH IN DIESER ZEIT …
Weihnachtsgeschenke

WENN DU EINEN JOB FÜR MICH HÄTTEST, DANN WÄRE ICH GERNE:

☐ Nikolaus
☐ Engel
☐ Weihnachtsfrau
☐ Christkind
☐ Elfe
☒ Rentier

WEIL …
Ein Rentier viel an der frischen Luft ist.

DAMIT MIR SO RICHTIG WEIHNACHTLICH WIRD, KANN ICH AUF FOLGENDES NICHT VERZICHTEN …

Ganz viele Kerzen, Tee und Strickzeug

MEIN LIEBSTES HEISSGETRÄNK IN DIESER ZEIT IST …

Tee

DIE BESTEN PLÄTZCHEN DER WELT BÄCKT …

Nele

UND SIE HEISSEN …

Neles Spezial-Weihnachtsplätzchen

SO RICHTIG SCHÖN LAUT UND SCHIEF MITSINGEN KANN ICH BEI DIESEM LIED …

I'm dreaming of a White Christmas

DEN BAUM SCHMÜCKE ICH AM LIEBSTEN …

- [x] in meiner Lieblingsfarbe
- [ ] mit selbstgebasteltem Baumschmuck
- [ ] mit Erbstücken aus der Familie
- [ ] jedes Jahr anders
- [ ] passt gar nicht, weil ich keinen Baum habe

FRÜHER WAR MEHR LAMETTA, ABER DAS HÄNGT AUF ALLE FÄLLE JEDES JAHR WIEDER AN MEINEM BAUM …

Kleine Christbaumkugeln

MEIN GRÖSSTER STRICKWUNSCH AN DICH LAUTET …

Viel mehr Zeit

ICH WAR IN LETZTER ZEIT BESONDERS FLEISSIG UND DAS SIND MEINE LETZTEN BÜCHER …

ISBN 978-3-7724-6495-9

ISBN 978-3-7724-8175-8

ISBN 978-3-7724-4844-7

ISBN 978-3-7724-4875-1

VIELE LIEBE WEIHNACHTSGRÜSSE DEINE

Kerstin

LIEBES CHRISTKIND,
DAS WEIHNACHTSFEST STEHT JA KURZ VOR DER TÜR UND KLEINE UND GROSSE STRICKER:INNEN KÖNNEN IHRE WÜNSCHE BEI DIR LOSWERDEN. DA HABE ICH GEDACHT, ICH SCHREIBE DIR AUCH EINMAL EINEN BRIEF UND, WER WEISS, VIELLEICHT HAST DU JA ZEIT, MIR AUCH NOCH DEN EINEN ODER ANDEREN WUNSCH ZU ERFÜLLEN?

UM SICHERZUGEHEN, DASS DU MICH AUCH NICHT VERWECHSELST, FANGEN WIR AM BESTEN NOCH EINMAL GANZ VON VORNE AN:

ICH HEISSE …
Tanja

ZUHAUSE BIN ICH IM SCHÖNEN …
Hofheim

WENN DU GENAU WISSEN WILLST, WAS ICH MACHE, KANNST DU ONLINE HIER NACHSEHEN …
tanjasteinbach.de

DIE ADVENTSZEIT IST FÜR MICH DIE SCHÖNSTE ZEIT, WEIL …
man sich schon wunderbar auf Weihnachten vorfreuen und es sich zu Hause besonders gemütlich machen kann und die Kinder bald zu Besuch kommen! Oft lade ich in dieser Zeit auch Freunde nach Hause ein

AM LIEBSTEN STRICKE ICH IN DIESER ZEIT …
kleine Geschenke oder einen schönen, entspannten Schal für mich … das würde ich zumindest gerne. Meist sieht die Realität anders aus und ich stricke Maschenproben für die neue Garnkollektion und Modelle

WENN DU EINEN JOB FÜR MICH HÄTTEST, DANN WÄRE ICH GERNE:
- ☐ Nikolaus
- ☐ Engel
- ☐ Weihnachtsfrau
- ☒ Christkind
- ☐ Elfe
- ☐ Rentier

WEIL …
sich alle freuen, wenn es vorbeischaut!

DAMIT MIR SO RICHTIG WEIHNACHTLICH WIRD, KANN ICH AUF FOLGENDES NICHT VERZICHTEN …
Kerzen und Tee

MEIN LIEBSTES HEISSGETRÄNK IN DIESER ZEIT IST …
Rotbuschtee Sahne-Karamell (kann man zu jeder Tages- und Nachtzeit trinken) mit Milch oder Chai (wenn es nicht zu spät ist)

DIE BESTEN PLÄTZCHEN DER WELT BÄCKT ….
meine Strickfreundin Kirsten und meine Schwiegermutter

UND SIE HEISSEN …
Vanillekipferl, Schwarz-Weiß-Gebäck, Spitzbuben, Engelsaugen, Florentiner, um nur ein paar wenige zu nennen

SO RICHTIG SCHÖN LAUT UND SCHIEF MITSINGEN KANN ICH BEI DIESEM LIED …
Oh Tannenbaum

DEN BAUM SCHMÜCKE ICH AM LIEBSTEN …
- ☐ in meiner Lieblingsfarbe
- ☐ mit selbstgebasteltem Baumschmuck
- ☐ mit Erbstücken aus der Familie
- ☐ jedes Jahr anders
- ☒ passt gar nicht, weil ich keinen Baum habe

FRÜHER WAR MEHR LAMETTA, ABER DAS HÄNGT AUF ALLE FÄLLE JEDES JAHR WIEDER AN MEINEM BAUM …
Ich habe gar keinen Baum. Dafür stelle ich Ende November 24 Teelichter in Gläsern auf und zünde im Dezember jeden Tag eine Kerze mehr an – am 24.12. ist es dann besonders schön!

UND WENN DU NOCH ZEIT HAST, KÖNNTEST DU DICH NOCH UM FOLGENDES KÜMMERN?
Eine Prise Geduld, Verständnis und Mitgefühl für andere würde uns allen guttun und viele Probleme in nichts auflösen

ICH WAR IN LETZTER ZEIT BESONDERS FLEISSIG UND DAS SIND MEINE LETZTEN BÜCHER …

ISBN 978-3-7358-7012-4

ISBN 978-3-7724-4850-8

ISBN 978-3-7724-8177-2

ISBN 978-3-7724-4875-1

VIELE LIEBE WEIHNACHTSGRÜSSE DEINE

Tanja

BUCHEMPFEHLUNGEN FÜR DICH

NOCH MEHR KREATIVE BÜCHER ZUM GLEICHEN THEMA GESUCHT?

ISBN 978-3-7358-27060-5

ISBN 978-3-7358-27079-7

ISBN 978-3-7358-27070-4

ISBN 978-3-7358-27062-9

ISBN 978-3-7358-27064-3

ISBN 978-3-7358-27074-2

NOCH MEHR KREATIV-BÜCHER FINDEST DU AUF WWW.TOPP-KREATIV.DE

#TOPPprojekt

Die eigene Kreativität zeigen: TOPPprojekt mit anderen Kreativen teilen und Teil der Gemeinschaft werden.

DIY-begeistert und auf Instagram? Dann unbedingt mitmachen! Hier gibt's Tipps und Feedback zu den eigenen Projekten. Außerdem verlosen wir jeden Monat ein Überraschungspaket. Um am Gewinnspiel teilzunehmen, einfach ein Bild vom Kreativ-Projekt aus unseren Büchern mit #TOPPprojekt posten und unserem Account @frechverlag folgen. Mehr Infos auf TOPP-kreativ.de/TOPPprojekt

Mach mit beim

#TOPPprojekt

#TOPPprojekt
@frechverlag

WEBSEITE

Auf TOPP-kreativ.de gibt es ein riesiges Angebot von über 1.000 Kreativbüchern, Sets und mehr zu entdecken.

NEWSLETTER

Immer als Erstes von unseren Neuheiten und Sonderaktionen erfahren: TOPP-kreativ.de/newsletter

INSTAGRAM

@frechverlag

PINTEREST

pinterest.com/frechverlag

FACEBOOK

facebook.com/frechverlag

DIGIBIB

Hier gibt es zusätzlich zu einigen unserer Bücher digitale Extras, wie Video-Tutorials, Plotter-Dateien, Vorlagen, Übungsblätter und vieles mehr. Einfach im Impressum eines TOPP-Buchs nachschauen, ob dort ein Code vorhanden ist, und exklusive Inhalte freischalten. TOPP-kreativ.de/digibib

YOUTUBE

youtube.com/frechverlag

KREATIV-HOTLINE

Hilfestellung zu allen Fragen, die Materialien und Bücher zu kreativen Hobbys betreffen:
Frau Erika Noll berät Sie. Rufen Sie an oder schreiben Sie eine E-Mail!
Telefon: 0711/12 37 57 20* *normale Telefongebühren
E-Mail: mail@kreativ-service.info

DANKE!

Wir danken Lana Grossa für die großzügige Bereitstellung der Garne und Stricknadeln, die in diesem Buch verwendet wurden.

www.lana-grossa.de

Ganz lieben Dank an Nele Balke für die Sockenbanderole.

IMPRESSUM

Der Code zum Freischalten der Rezepte und Banderole lautet: **55332**

MODELLE: Kerstin Balke (Seite 9-12, 25-28, 33/34, 41-44, 49/50, 51/52, 59/60, 73-75, 89/90, 107/108, 129-133); Tanja Steinbach (Seite 17-20, 35-36, 57/58, 65-68, 81-84, 91/92, 97-100, 105/106, 113-116, 121-124)

REZEPTE: Kerstin Balke (Biscotti); Tanja Steinbach (Schokoladen-Fudge)

FOTOS: lichtpunkt, Michael Ruder, Stuttgart (Seite 49); Olaf Szczepaniak, Hamburg (alle übrigen); frechverlag GmbH, 70839 Gerlingen

HAARE UND MAKE-UP: Birgit Vahrenholt

STYLING UND PRODUKTION: Ute Wilckens & Beate Brückner www.wilckensbrueckner.de

MODEL: Rieke Balke

ILLUSTRATIONEN: Warekiart, Viera Schwarczova, Leicester, UK

SCHNITTZEICHNUNGEN: schwab:illustrationen, Ursula Schwab, Haselund

PRODUKTMANAGEMENT: Mareike Upheber

LEKTORAT: Regina Sidabras, Berlin

COVER: Eva Hook

LAYOUT: Petra Theilfarth

DRUCK UND BINDUNG: POLYGRAF PRINT spol. s r.o.

3. Auflage 2024

ISBN 978-3-7358-7049-0 • Best.-Nr. 27049

FSC MIX Papier aus verantwortungsvollen Quellen FSC® C015559

Penguin Random House Verlagsgruppe, FSC® N001967